घर

एक असांत्वनीय सपना

घर
ISBN: 978-1-960761-19-4

प्रथम प्रकाशित 1994 पुनर्प्रकाशित 2024

पेरीकोरिसिस प्रेस द्वारा प्रकाशित
पी.ओ. बॉक्स 98157
जैक्सन, एम.एस 39298 अमेरिका

लेखक के विषय में

बॅक्सटर क्रुगर, बेथ के साथ ४० सालों से शादीशुदा है। उन्हें चार बच्चे और चार पोती-पोतियां हैं। बॅक्सटर, ब्रैंडन मिसिसिपी में रहते हैं। उन्हें 'किंग्स कॉलेज' एबरडीन युनिवर्सिटी, स्कॉटलैंड से पी.एच.डी हासिल है, जहाँ उन्होंने प्रोफेसर जेम्स बी. टोरेंस से शिक्षा प्राप्त की। डॉ. क्रुगर ९ किताबों के लेखक है जिनमें मशहूर किताबें *'द शॅक रिव्हीजीटेड', पॅट*मॉस (पतमुस) और उन्होंने शुरवात में लिखी छोटी किताब '*नृत्य करते परमेश्वर का दृष्टांत*, अनेक लेख तथा सैंकड़ो घंटो की शिक्षा तथा कई सारी ऑनलाइन शिक्षाएँ शामील हैं – सभी Perichoresis.org पर मौजूद हैं। डॉ. क्रुगर ने पिछले ३० सालों में (आत्मा में) अपने पिता के साथ यीशु मसीह के रिश्ते में हमारा समावेश इस सुसमाचार का प्रचार करते पूरे दुनिया भर में यात्रा की। उन्हें क्रॉफिश पकाना, हाथ से खुदी हुई मछली पकडने की बेट बनाना, गोल्फ खेलना, तथा अपने नाती-पोतों के साथ समय बिताना पसंद है।

कव्हर डिजाइन : टॉम कैरोल, दक्षिण ऑस्ट्रेलिया
चित्रण : डियान सी. ब्रायन, जॅक्सन, मिशीसिपी
पुस्तक लेआउट : कॅरन थॉम्पसन, पश्चिम ऑस्ट्रेलिया
अनुवाद : आशिष शिंदे, इंडिया

री बेटी

कॅरोलीन विलीयम क्रुगर

और मेरे दादा-दादी के लिए

जेम्स ई. बॅक्सटर

थेल्मा फ.बॅक्सटर

जो अब खुद को जानते है, जैसे उन्हे (परमेश्वर व्दारा) जाना जाता है

विषय सूची

प्रस्तावना

लोकप्रिय विद्या के भंडारी तथा भावूक विद्वानोने हमें यह विश्वास दिलाया होता की, घर वह जगह है जहाँ हमारा दिल है। यह एक लोकप्रिय परंतु अंततः स्वयं को भ्रमित करने वाली तस्वीर है जो पश्चिमी संस्कृती के व्यक्तिगत तथा स्वार्थी आचार से मिलती-जुलती है । और यह हमारे इस संकल्प को सही ठहराने की कोशिश करता है जहाँ हम चुनते है हम कहाँ और किसके साथ हो और अपनी पहचान को आकार दे । इस किताब में बॅक्सटर क्रुगर इस मामले में हमें अलग विवरण का सुझाव कर रहे हैं। घर वह जगह है जिससे हम जुडे हैं और हमारे थोडे वक्त की लालसाओं, इच्छाओं और उत्कंठाओ से अलग जगह हो सकती है। वास्तव में ऐसा ही होता है, यही कारण है कि कई लोग गहरा अलगाव तथा वैश्विक अकेलापन महसूस करते हैं। मान लो खुदको भावनात्मक रिती से अभी या बाद में ऐसे किराये की कोख या अस्थायी मेज़बान से जोड़ लो, हर तरह के नशीले पदार्थो के अनुभव से खुदके मन को बहलाते रहना, हम इसमें गहरी संतुष्टी के लिए तरसते हैं, परंतु अपने बेचैन तथा अतृप्त स्थिती को पहचानने में विफल रहते हैं, की यह क्या है - घर के लिए एक तरस है।

फिर घर कहाँ है? उस असांत्वनीय सपने का स्त्रोत क्या है जो हमें परेशान करते रहता है, हमारे अव्यवस्था तथा खो जाने के बीच? डॉ. क्रुगर हमें इसकी पहचान के बारे में कोई संदेह नहीं छोडते। घर केवल कोई जगह नहीं, पर ऐसे रिश्तों का समूह जिनसे हम जुडे हो (वास्तव में जिनमें हमारा अस्तित्व है, भले ही हमारी जीवन शैली इस तथ्य से मेल खाती हो या नहीं) – अर्थात हमारी पहचान "स्वर्गीय पिता के बेटे बेटियां, उस अनंत पुत्र के भाई और बहन जिसने हम जैसो को अपना लिया।" ताकि हमारे अनाथ अवस्था में अपने पिता का प्यार हमसे बाँट सके, उस आत्मा को प्राप्त करे जो हमें

विश्वास प्रदान करता है ताकि हम संतानो की विरासत को दोनों हाथों से गले लगा सके तथा उसका आनंद ले सके। यह वह जगह है जिससे हम वास्ता रखते है और हमारा दिल भी यहाँ लगा होगा, हम बेचैन और असंतुष्ट होंगे, और झुठ में जी रहें होंगे तथा अस्तित्वगत प्यास को बुझाने में असमर्थ होंगे जो इसके व्दारा जगाई गई।

इस तरह यह किताब सुसमाचार के बारे में है। लेकिन यह किताब जितनी कलीसिया के अंदर के लोगों के लिए लिखी गई, उतनी ही कलीसिया के बाहर के लोगों के लिए भी। इस मामले का दुखद सच यह है कि अधिकांश इसाई पुरुषों और स्त्रियों को किसी कारणवश शक्तिशाली सत्य समझ नहीं आया है, जो इस किताब में निहित है। हम ना हमारे दिलो में, ना ही दिमागो में खुद को इस तरह देख पाते हैं कि हम पिता से जुडे हैं। अधिकांश बार जो परमेश्वर हमारे मंचो से प्रचार किया जाता है और जो हमारे इसाई कल्पनाओं में वास करता है, वह मुलत: हमारे लिए नहीं बल्कि हमारे खिलाफ है, जो बस मौके की तलाश में है कि हमें दोष लगाए या हमें दूर हटाए, इस बजाय कि हमें गले लगाए, पुनर्स्थापित करे और चंगा करे।

जो दृष्टांत यीशु ने पथभ्रष्ट पुत्र के बारे में बताया (जो उसका विरासत का हिस्सा जल्दी माँग लेता है तथा घर से चला जाता है), उसे कई अलग तरीको से पढ़ा जा सकता है। बेटे के अपने "घर" पहुँचने की कहानी को इसाई धर्मांधता के दृष्टिकोण से देखा जा सकता है। हम सोचते हैं, हम वास्तव में दूर देश में सूअरों के साथ हैं और हम परमेश्वर के पास आते हैं बस इस इरादे से कि एक नौकर समान उसके घर में जगह पाए। भले ही हम सूसमाचार के गौरवशाली तथ्य को जानते हो- कि मोटा बछडा हमारे लिये काटा गया है, हमारी उंगली पर अंगूठी पहनाई गई है, हमारे पैरो पर नए जूते पहनाए गए हैं, हमारे सम्मान में भोज की व्यवस्था की गई है – हम हमारे दिलों में इस सब से पूरी तरह से जुड़ नहीं पाते। हम शायद इस पर विश्वास करने की हिम्मत नहीं करते कि पिता जिससे मिलने दौड़ता है, (जोअभी दूर ही था) जो

नरक की गहराई में पडा था, जिसका घर में बड़े आनंद के साथ प्रवेश होता है - वह हम है। निश्चित रूप से वहाँ कुछ गलती हुई है? निश्चित रूप से यह कोई और होना चाहिए?

राजा दाऊद की तरह, हमें भविष्य सूचक घोषणा सूनने की आवश्यकता है, "वह आप है"। यह दृष्टांत आप के बारे में है, किसी और के बारे में नहीं। हमें अभी भी इस तत्थ को स्वीकार करना होगा कि हमारा परमेश्वर ऐसा है, हम यहाँ (सूअरों के बाडे में नहीं) से ताल्लुक रखते है, और ऐसा कुछ भी नहीं जो हमने किया हो या करेंगे जो इसे बदलेगा। परमेश्वर ने हमारे लिये यीशु मसीह में जो किया है उसे खारिज नहीं किया जा सकता। अगर इस बारे में हमें स्पष्टता ना हो तो हम एक अपर्याप्त और गैर परमेश्वर की तस्वीर के बोझ के नीचे परिश्रम करेंगे – एक ऐसा परमेश्वर जो यीशु मसीह ने जिस परमेश्वर को प्रकट किया उससे बिल्कुल अलग- यह एक भारी बोझ है, हमारे सहन करने की क्षमता से काफी भारी।

यह किताब ईसाइयों को उस झुठे बोझ से मुक्त करने में भाग लेना चाहती है। यह किताब विषयों तथा सिद्धांतों को ईसाई धर्मशास्त्र के मध्य नए तरह से व्याख्या करती है – त्रिएकत्व, देहधारण, प्रायश्चित और बहुत कुछ। यह किताब इतने अच्छे तरीके से इसे करती है, जिसके द्वारा इन विषयों को अद्‌भुत तरीके से परमेश्वर अधीन मसीह जीवन के वास्तविकता से जोड़ सके, ना कि पाठ्यपुस्तकों के शुष्क और धुल भरे शब्दजाल से। और यह किताब दिखाती है कैसे वे स्वयं सुसमाचार के महत्वपूर्ण घटक हैं। किताब की लेखन शैली स्पष्ट तथा जीवंत है, उन उदाहरणों तथा दृष्टांतों से भरे हुए जो हमारे मानवी रूप के अस्तित्व को साझा करने में भूमिका निभाते हैं। मेरी आशा है कि इस किताब का उपयोग कलीसिया के भीतर तथा बाहर, अनेकों को घर की ओर आने में सक्षम करे।

प्रोफेसर ट्रेवर हार्ट
सेंट मेरी कॉलेज
सेंट एंड्रयूज विश्वविद्यालय

अध्याय 1

असांत्वनीय सपना[1]

घर, यह शब्द हमारी भाषा में सबसे रोमांचित करने वाले और बार बार प्रयोग में आने वाले शब्दों में से एक है। यह शब्द, अन्य किसी भी और शब्द की तरह सिर्फ व्यंजन और स्वरों की एक सजावट है, लेकिन फिर भी इस शब्द में हम से विस्तार से बोलने की अदभुत और हमारी आत्माओं को स्पर्श करने की चमत्कारीय क्षमता है। ऐसा क्यों है? इस शब्द में ऐसा क्या है? यह शब्द क्यों हमें इतनी गहराई से छूने की विशेष क्षमता रखता है?

यदि हम शब्दकोश में इसकी परिभाषा को ढूंढते हैं, तो हम यही पाते हैं कि *घर* की इस परिभाषा में सबसे आम उपयोग "निवास" या "मकान" इन शब्दों का किया गया है। घर, वह जगह है जहां कोई बसता है या रहता है, जो हमारा निश्चित निवासस्थान होता है। घर "मूल" के पर्याय के रूप में भी कार्य करता है। अमेरिका बेसबॉल का घर है। पेरिस फैशन का घर है। यदि हम किसी खेल की बात करें, तो खेल के लक्ष्य या अंत को संदर्भित करने के लिए अक्सर "होम" या "घर" का उपयोग किया जाता है। उदाहरण के लिए, बेसबॉल का लक्ष्य गेंद को "होम" तक पहुँचाना होता है। गोल्फ में, अंतिम नौ छेदों को "होमवार्ड हाफ" (घर की ओर का अर्ध) कहा जाता है और अठारहवें हरे रंग के क्षेत्र को अक्सर प्यार से "होम" या अंतिम लक्ष्य माना जाता है।

---

1 " असांत्वनीय सपना " यह वाक्यांश सी. एस. लुईस के वाक्यांश " असांत्वनीय रहस्य " से लिया गया है, जो " द वेट ऑफ ग्लोरी " नामक उनके लेख में पाया जाता है। उनकी किताब " *द वेट ऑफ ग्लोरी अॅन्ड अदर अॅड्रेस* " को देखे (ग्रँड रॅपिड्स : Wm. B. Eerdmans पब्लिकेशन को. छटी प्रिंट, 1975), p. 4.

हालांकि ये सभी शब्द उपयोग में सामान्य होते हैं, और तकनीकी रूप से सही भी हैं, यह हर कोई जानता है कि वे दूसरे अर्थ के समतुल्य भी हैं। निवासस्थान या किसी लक्ष्य की ओर बढ़ना, इन अर्थों से परे, घर का एक अधिक गहरा अर्थ होता है जो हमारे भीतर बहुत गहरे और हमें प्रिय किसी चीज़ के ताने-बाने में बुना जाता है। और यही गहरा अर्थ है जो "घर" शब्द की विशेष शक्ति को बताता है।

निसंदेह, एक महत्वपूर्ण प्रश्न यह है कि यह गहरा अर्थ क्या है? और यह इतना गहरा क्यों है? यह हमें इतना प्रिय क्यों है? यहीं मुश्किल आती है, क्योंकि यह इस प्रकार के प्रश्नों का उत्तर देती है जो कि इतने निराशाजनक रूप से मायावी प्रतीत होते हैं। उन्हें समझ पाना और उसके विचार को स्पष्ट कर पाना असंभव सा लगता है। लेकिन हमारे पास सही दिशा में कुछ संकेत हैं। मेरे लिए सबसे अच्छा तरीका यह है कि हम कभी-कभी घर का उपयोग किसी के स्वभाव में पाए जाने वाले तत्व के पर्याय के रूप में करते हैं: जैसे कि " खाना पकाना हॉली के लिए घर समान सहज है (निपूणता)। "

कोई अपने सहज स्वरूप या तत्व में है, यह जब हम कहते हैं, तो वह सही जगह या स्थान पर है, इससे ज़्यादा हम कहना चाहते हैं। हमारा अर्थ यह है कि वह वहीं है जहां उसे होना चाहिए। हमारा अर्थ यह है कि वह अपने आवास में है, एक ऐसे वातावरण में है जो उसके लिए काफी स्वाभाविक है, जो उसके लिए विशेष रूप से निर्मित है, जिसमें किसी असहजता या अलगाव का ज़रा भी संकेत नहीं है। यह कोई सामने से आती हुई हवा की तरह नहीं है, कोई हस्तक्षेप या औपचारिकता नहीं होती, कोई बाधा नहीं होती जैसे कभी-कभी गोल्फ में एक अच्छे शॉट में होती है। सब कुछ सही होता है, उपयुक्त है, एक दुसरे से पूरी तरह से मेल खाते हैं।

यह "शांति" के विचार के समान है, जिसका अर्थ संघर्ष की अनुपस्थिति और पूर्णता की उपस्थिति होता है, "हमारे मूल-तत्व में होने" का अर्थ है झुंझलाहट और निराशा की अनुपस्थिति एवं समृद्धि और संपन्नता की

उपस्थिति का होना। यह सब कुछ सामंजस्य और तालमेल में होता है, बच्चों के खेल की तरह, जो स्वाभाविक, सहज होता है, और आत्म अहंकार की बीमारी से पूरी तरह मुक्त होता है।

"घर" और "हमारे स्वाभाविक तत्व में होने" के बीच के संबंध को ध्यान में रखते हुए हमें यह देखने में मदद मिलती है कि घर का गहरा अर्थ यह है कि हम कहाँ के हैं, और जहाँ चीजें हमारे लिए उचित होती हैं। इसके अलावा, यह हमें समझने में भी मदद करता है कि घर का संबंध उस अपनेपन / सम्बंधता की सहजता, बढ़ोतरी और सम्पन्नता से है, जो वहां होने का परिणाम है। घर वह जगह है जहां चीजें हमारे लिए इतनी अनुकूल होती हैं कि हम न केवल शांति में रहते हैं, बल्कि फलते-फूलते हैं और पूरी तरह से अपनी उत्तम क्षमता से जी सकते है। लेकिन अब एक और सवाल उठता है: वह "ताल्लुक या वास्ता रखना " क्या है जिसके बारे में हम यहां बात कर रहे हैं, वह संबंध जो मानव उन्नति को विकसित करता है? वह "तत्व" क्या है जो इतनी सहजता और संपन्नता का आनंद पैदा करता है?

यह कहना बिल्कुल सही है कि किताबें, किताबों की अलमारी में होती हैं और गोल्फ़ की गेंद गोल्फ़ क्लबों में होती है, लेकिन इस तरह संबंधित होना उस तुलना में अपर्याप्त है जो मानव में समृद्धि को उत्पन्न करता है। "संबंध्दता" शब्द की बारीकियों के साथ कुछ होता है जब हम इसे किताबों और किताबों की अलमारी के संदर्भ से हटाकर मानवीय संदर्भ में ले जाते हैं। अर्थ का एक नया स्तर पेश किया जाता है। यह विचार व्यक्तिगत और संबंधपरक हो जाता है। किताबों और किताबों की अलमारी के संदर्भ में, संबंध्दता का अर्थ लेना देना, परंपरा और रीति-रिवाजों से जुड़ जाता है - जैसे, किताबों की अलमारी वह है जहां किताबें हमेशा रखी जाती है। यह इसके डिजाइन और निर्जिव भौतिक अनुरूपता के वजह से भी है - अलमारी को किताबों को सलीके से रखने के लिए डिज़ाइन किया गया है ।

निसंदेह, हम मनुष्यों के संदर्भ में इस तरह से "संबंधित" होने के तौर

पर इसका उपयोग कर सकते हैं - हम सूर्य के प्रकाश, हवा और पानी के साथ पृथ्वी के वातावरण में हैं। पृथ्वी और मानव जीवन एक दूसरे के लिए बनाए गये है, जो भौतिक रूप से सही है। फिर भी, जब हम मनुष्यों के "संबंधित" होने की बात करते हैं, तो अर्थ का एक और स्तर बना रहता है, विशेष रूप से जब हम इसके फलने-फूलने के संदर्भ में बात कर रहे होते हैं।

क्या फलने-फूलने और संपन्नता के विचार हमें ' ताल्लुक या वास्ता रखनें को व्यक्तिगत संबंधो की ओर प्रेरित करते है? क्या "हमारे तत्व में होना" केवल किसी भी प्रकार का फलना-फूलना नहीं है, बल्कि किसी अन्य व्यक्ति के साथ सही संबंध का फलना-फूलना और संपन्नता नहीं है? और क्या हमारे लिए *घर* शब्द का वास्तव में यही अर्थ नहीं है, *किसी दूसरे व्यक्ति का हो जाना,* और उस अपनेपन के अहसास में *फलना-फूलना और संपन्नता का अनुभव करना?*

लेकिन फिर एक और प्रश्न आता है कि - किसी दूसरे व्यक्ति का हो जाना इसका क्या अर्थ है? क्या हम मित्रता, प्रेमालाप या विवाह की व्यवस्था के विषय में बात कर रहे हैं? स्पष्ट रूप से संबंधित होना या किसी का हो जाना इस में कुछ हद तक रिश्ते शामिल है। लेकिन *अपने आप में,* यहां भी यह सिर्फ रिश्तों की बात नहीं है। सम्बन्ध केवल नाममात्र के या बोझ बन सकते है, जैसे मेबल (पत्नी) फ्रेड (पति) के साथ "बस मुस्कुराती है और सहन करती है"। वे बाहरी रूप से सुशोभित, राजनीतिक और किताबी रूप से सही, लेकिन खाली हो सकते हैं।

मनुष्य का संबंध जो हमारे भीतर फलता-फूलता और उन्नत्ति करता है, वह संबंधो के *व्यक्तिगत आतिथ्य* से आता है । दोनों शब्दों पर जोर देने की जरूरत है। "आतिथि सत्कार" हमें स्वागत किए जाने के क्षेत्र में ले जाता है। जहाँ हमें नजरअंदाज नहीं किया जाता और न ही अनदेखा किया जाता है, न ही दूर किया जाता है और न ही त्याग दिया जाता है, लेकिन व्यक्तिगत

रूप से देखा जाता है। हमारी उपस्थिति को स्वीकार किया जाता है और हमें नाम से पुकारा जाता है। और हमारे नाम की पुकार में हमें केवल सहा नहीं जाता है, वरन हमारा स्वागत किया जाता है; हम उपेक्षित नहीं होते, बल्कि ग्रहण किए जाते हैं, स्वीकार किए और गले लगाए जाते हैं। और "व्यक्तिगत" यह सुनिश्चित करता है कि हम महसूस करें कि जो कुछ भी स्वीकार किया गया है और ग्रहण किया गया है वह जलाऊ लकड़ी का टुकड़ा या थोड़ी सी जानकारी या बाहरी छवि नहीं है, बल्कि एक व्यक्ति है। *हमें* नजरअंदाज नहीं किया गया है, बल्कि हमारा स्वागत किया गया है।

बहुत से बच्चे उस भयानक डर को जानते हैं जो उनके पूरे नाम से पुकारे जाने पर वे अपने रोम-रोम में महसूस करते हैं। शुद्ध परेशानी की भावना स्वतंत्रता की हर चिंगारी को बुझा देती है और भावनाओं को प्रायश्चित, अस्वस्थता, बचने-के-लिए-मैं-कुछ-भी-करूँगा जैसी अत्यधिक गतिविधि की अवस्था में धकेल देती है। यह कहने की जरूरत नहीं है, कि यह स्वयं के होने की आजादी की एक कट्टर समाप्ति है।

हम यहां जिस "अपनेपन के एहसास" की बात कर रहे हैं, वह हमें विपरीत दिशा में ले जाता है। अपनेपन की बुलाहट - वास्तव में, आज्ञा देती है और हमें स्वतंत्र करती है - स्वयं को प्रकट करने और और कोई हमें जाने इस बात के लिए हमें आमंत्रित करती है, बुलाती है। इस बुलाहट में कुछ ऐसा होता है जो हमें भय और शर्म से स्वतंत्र करता है, जो हमारे सतर्कता और संकोच को छीन लेता है, जो मुखौटे या बनावटीपन का उपयोग करने के प्रलोभन को समाप्त कर देता है। क्योंकि हम बुलाए गए हैं - स्वयं का साफ-सुधरा, सजा-सँवारा रूप या स्वीकार्य छवि का प्रक्षेपण नहीं, बल्कि वास्तविक हम। *हमें* छुआ गया है, पुकारा गया है और बुलाया गया है।

निश्चित रूप से इस तरह से बुलाये जाने का एक प्रमुख घटक स्वीकृति है। यह स्वीकृति ही है जो सारे दिखावेपन को शिथिल कर, स्वयं को दिखाने, और हम जो हैं वही होने की स्वतंत्रता को प्रेरित करती है। फलने-फूलने

को जन्म देने वाले मनुष्य का संबंध इस तरह की स्वीकृति में बुलाए जाने से है। वास्ता रखना और भी अधिक गहरी बात है जो स्वीकृति से बढ़कर है, हालांकि स्वीकृती भी महत्वपूर्ण है। स्वीकृति अभी भी बहुत तटस्थ है। इस विषय में और कहने की ज़रूरत है। हमारे पिता की आंखों में गर्व, हमारी मां के स्पर्श की शांत गर्मी और सुरक्षा, और हमारे नाम की वह मुक्तिदायक बुलाहट निश्चित रूप से ध्यान देने, स्वीकार करने और गले लगाने को व्यक्त करती है, लेकिन वे इससे अधिक व्यक्त करते हैं, है ना? वे सराहना और हमारा मूल्यवान होने को व्यक्त करते हैं। वे सँजोने या *दुलार होने* को व्यक्त करते हैं।

अब हम मामले की गहराई में जा रहे हैं। क्योंकि सँजोना या दुलारने का अर्थ है किसी की आँख का तारा और सम्पूर्ण आनंद की वस्तु होना। इसका अर्थ है बहुमूल्य, क़ीमती होना। सँजोने या दुलार होने के विचार के बिना, "संबंध्दता / वास्ता रखना" कैफीन मुक्त कोका-कोला की तरह है - पर्याप्त, लेकिन गाढेपन और स्वाद की कमी। लेकिन दुलार या प्यार वह अस्पर्शनीय चीज है जो अपनेपन को '*फलने-फुलने* और '*संपन्न आनंद*' से भरता है। क्योंकि यह हमें बताता है कि ध्यान दिए जाने और नाम से पुकारे जाने और स्वीकार किए जाने के पीछे शुद्ध स्नेह निहित है।

कुछ साल पहले टीवी पर एक मशहूर बास्केटबॉल कोच का इंटरव्यू हुआ था। इंटरव्यू के दौरान चर्चा बास्केटबॉल कोर्ट पर कोच की सफलता से उनके बेटे के साथ उनके रिश्ते पर स्थानांतरित हो गई, जो शारीरिक रूप से विकलांग था। जब कोच ने अपने बेटे के लिए अपना स्नेह व्यक्त किया, तब इंटरव्यू लेने वाले ने इसे एक अलग मोड़ दिया कि 'आप उसके लिए दुख महसूस करते हैं'। ऐसा बहुत बार हुआ और कोच लगातार परेशान होता रहा। उसने अंत में कहा, "देखो! मैं न केवल अपने बेटे से प्रेम करता हूं, मैं उसे *पसंद* भी करता हूं।"

क्या यह मुद्दे की बात नहीं ? जब "तत्व" में होना और ' वास्ता रखने ' के

विचार जब मनुष्यों के लिए उपयोग किए जाते हैं, तो वे न केवल संबंधपरक शब्द बन जाते हैं, वे ऐसे शब्द बन जाते हैं जो ह्रदय को छू जाते हैं। लोगों के संदर्भ में, 'वास्ता रखना' ऐसे माहोल की बात करता है, जहां संघर्ष नहीं, किसी को बस यूँही सहने, ध्यान दिये जाने के बजाए स्वीकार किया गया हो, जाना गया हो। यह किसी की भक्ति और आराधना के आंतरिक चक्र की बात करता है। और इससे भी बढकर, यह उस घेरे में होने की बात करता है – ऐसा घेरा जिसमें आप को चाहा जाता है, आप को पाने की अत्याधिक इच्छा रखी जाती है, आपका इंतजार होता है। "वास्ता रखना" यह शब्द हमें यह बताने की कोशिश करता है कि हमें स्नेह और प्रसन्नता की आँखों से देखा जा रहा है, किसी ऐसे व्यक्ति द्वारा नाम से पुकारे जाने के विषय में जो हम से खुश होता है, हम में आनंद पाता है। यह हमें अतीव सम्मान और प्यार-पोषित होने के विषय में बताने की कोशिश कर रहा है।

अब, जब हम इस तरह के स्नेह का सामना करते हैं तो हमे क्या महसूस होता है? क्या यह हमें विचलित करता है? क्या यह हमें अकेला, उदास करता है? क्या यह हमें खोया हुआ, खाली, निराशाजनक महसूस कराता है? नहीं, यह हमें उत्साहित करता है। इस तरह के स्नेह के साथ एक मुलाकात हमें रोमांचित करती है और हमें मुक्त करती है। यह सुरक्षा, रक्षा और आशा का एक गर्भगृह बनाता है जिसमें हम फलते-फूलते और बढ़ते हैं।

अब, क्या यह रोमांच और स्वतंत्रता नहीं है, जो हमारे लिए *घर* का सबसे गहरा और सबसे मायावी लगने वाला अर्थ है?

घर केवल एक जगह या स्थिर अवस्था नहीं है। यह होने की घटना है। घर वह है जो हमारे अंदर और हमारे लिए होता है जब किसी के व्दारा खुशी की नजर से हमें पुकारा गया हो। पुकारा जाना हमारी वास्तविकता को प्रोत्साहित करता है, हमारे डरावने छिपने के स्थान की जड़ को खोदता है, दिखावा करने वाली वजहों से हमे छुड़ाता हैं, और बस हम जैसे है वैसे होने की स्वतंत्रता देता है। पुकारा जाना वास्तविकता, स्वयं होने की स्वतंत्रता,

खुद को व्यक्त करना तथा शामिल करने को सक्रिय करता है। पुकारा जाना वास्तविकता और हम जैसे हैं वैसे होने की स्वतंत्रता उत्पन्न करता है।

लेकिन अगर हम यहीं रुक गए तो यह ऐसा होगा जैसे हमने पेड़ों के लिए जंगल खो दिया। क्योंकि घर एक तरफा होता नहीं है ना? घर में ध्यान दिए जाने, बुलाए जाने और पोषित होने और स्वतंत्रता के अलावा एक दूसरा पहलु शामिल है जो इन बातों से सक्रिय होता है। इस पहलु में हमारा दुसरे व्यक्ति का ध्यान रखना, उनको चाहना, उन्हें नाम से पुकारना और बदले में उन्हें स्वीकार करना और उनका दुलार करना शामिल है। और इस प्रकार घर उस वास्तविकता के विषय में है जो इस तरह के मिलन में पैदा होती है, जहाँ जीवन पारस्परिक स्वीकृति और आनंद के मिश्रण में प्रज्वलित होता है।

जब हमें देखा जाता है और हम दुसरे व्यक्ति को देखते है तब घर सा होता है, जब हमें स्वीकार किया जाता है और हम स्वीकार करते है, हमारा दुलार किया जाता है और हम दुलार करते है। घर एक रहस्यमय वास्तविकता है जो तब अस्तित्व में आता है जब *हमें* किसी अन्य व्यक्ति की प्रसन्नतापूर्वक स्वीकृति द्वारा बुलाया जाता है और *उन्हें* हमारे द्वारा बुलाया जाता है। और आपसी पुकार सहज, समृद्ध और संपन्न संगति में परिवर्तित हो जाती है। क्या घर, अपने गहरे अर्थों में, इस तरह के एक मिलन की सहमति, *जीवन का नृत्य* ऐसी परस्पर पुकार के गोद में जन्म नहीं लेता है?

घर का अनुभव कौन नहीं करना चाहता? क्या यह हमारे हृदय की इच्छा नहीं है? कोई शायद यह सोचेगा की हम शब्दों के उस सहस्यमयी जादुई क्षमता से वाकिफ हो गए है, जो मंत्रमुग्ध कर देती है। यह वास्तव में जादू नहीं है, है ना? केवल घर इस वचन या शब्द में कोई शक्ति नहीं है। यह हमारे दिलों तक नहीं पहुंच सकता। यह हमारे लिए कुछ भी नहीं ला सकता है या हमें छू नहीं सकता है, या हमें कुछ भी नहीं कह सकता है। बल्कि यह हमें किसी ऐसी चीज से अवगत करा सकता है जो हमारे भीतर पहले से ही जीवित है।

क्या घर यह शब्द का जादू वैसा नहीं है जैसा हमें उन पलों की याद दिलाता है जब हमने इस तरह के संबंध के समृद्ध, सम्पूर्ण आनंद का स्वाद *चखा था?* क्या हमसे बहुत कुछ कहने की इसकी अद्भुत क्षमता वास्तव में इस तथ्य से नहीं आती है कि यह उस समय को दोहराता है जब *हम* उस सुरक्षा, उस स्नेह, उस आराधना को *जानते थे,* या जब वे हमारे माध्यम से दूसरों में प्रवाहित होती थी, या जब हम उनकी संगति में नृत्य करते थे?

हमें इस तरह से छुने की 'घर' की विशेष सामर्थ्य इस दर्द के वजह से है क्योंकि हमनें ऐसे रिश्ते की *केवल अफवाह* सुनी है – हमारे जिंदगी में ऐसे *मौके* बहुत कम आए जब हमने ऐसे नृत्य का अनुभव किया।

क्या हमें परेशान करने की इसकी क्षमता इस तथ्य में निहित नहीं है कि पुराने लिखे गए खत कैसे *असांत्वनीय सपने* की स्मृति को सक्रिय करते हैं कि हम उस अपनेपन में बपतिस्मा लें - और इस तरह हमारे इस गहरे डर को कमजोर कर दे कि हमारा सपना कभी पूरा नहीं होगा, कि यह वास्तव में असांत्वनीय है, कि हमें छोड़ दिया जाएगा और नृत्य से चूक जायेंगे?

अध्याय 2

रहस्य

क्या हमने वास्तव में घर शब्द की सामर्थ्य के विषय में अपने प्रश्न का उत्तर दिया है? एक स्तर तक, हाँ। लेकिन और बहुत कुछ कहा जाना चाहिए। शुरूआत करने के लिए, और अधिक पूछा जाना चाहिए। हमारे भीतर इतनी तीव्र इच्छा क्यों है? हम ऐसे सपनों के द्वारा अपने आप को क्यों कष्ट देते हैं? हम जानवरों की तरह अपने जीवन को क्यों चलने नहीं देते? क्यों नहीं केवल यहाँ होना, और केवल जीवित रहना, हमें संतुष्ट और रोमांचित करता है और भर देता है?

क्या इस शब्द के बार बार आने के विषय में यहाँ कुछ और नहीं कहा जा सकता है? यह केवल वह शब्द नहीं है जो हमारे असांत्वनीय सपने की याद को सक्रिय करता है; यह, और शायद अधिक महत्वपूर्ण रूप से, हमारे हृदयों के गुप्त स्थानों में *विश्वास* पैदा करता है कि यह एक सपना नहीं है, बल्कि हमारी *नियति* है।

क्या यह सच नहीं है? क्या हम यह नहीं *मानते* कि हमारा संबंध इस तरह का *होना चाहिए?* क्या हम यह नहीं *मानते* कि *यह* हमारा तत्व है, *हमारा* तत्व? क्या हम ऐसे बपतिस्मा में विश्वास नहीं करते? लेकिन ऐसा क्यों? हमें ऐसा किसने बताया? हम इस निष्कर्ष पर कैसे पहुंचे हैं? हमें ऐसी विचारधारा कहां से मिली?

यह असांत्वनीय सपना हमारे अपने काम का फल नहीं है। इसका बीज़ हममें नहीं है। यह सपना परमेश्वर के अनंतकालीय वचन की प्रतिध्वनि या गूंज है जो यीशु मसीह के द्वारा हमसे बात कर रही है। हमारी तीव्र इच्छा

आत्मा की उस गवाही का फल है जो हमारे गोद लेने की ओर इशारा करती है, यह उस बात की घोषणा करती है कि वास्तव में ऐसा एक रिश्ता है और हमें इसमें शामिल किया गया है। हमारा सपना है कि हम किसी के बन जाए और उस संबंध में बने रहे, हमारा विश्वास है कि हम सहमति / मेल के लिए बुलाए गए हैं, और खोने का बार बार आने वाला डर इस तथ्य से उत्पन्न होता है कि यह कोई सपना नहीं बल्कि सच्चाई है।

यूहन्ना के सुसमाचार में एक लुभाने वाला पद है—अध्याय 14, पद 20—जिसमें यीशु कहता है: "उस समय तुम जानोगे कि मैं अपने पिता में हूं, और तुम मुझ में, और मैं तुम में।" जिस 'दिन (समय)' के विषय में यीशु बात कर रहा है वह आत्मा का दिन है। यीशु कह रहा है कि उसका कार्य समाप्त हो जाने के बाद, जो कुछ उसने किया है उसके विषय में हमें गवाही देने के लिए आत्मा दिया जाएगा। "उस दिन *तुम जानोगे।*" यहीं हमारी गहरी तीव्र इच्छा का मूल या बीज़ है। पहले उदाहरण में, यह यीशु मसीह ने हमें जो कुछ बनाया है उसका परिणाम है। दूसरे उदाहरण में, यह इस तथ्य का परिणाम है कि हमें आत्मा में संबोधित किया जा रहा है। यीशु मसीह हमारा घर है और यह सुनिश्चित करने के लिए कि हम इसे जानते हैं, वह आत्मा में हमसे बात कर रहा है। इस पर अधिक स्पष्टता प्राप्त करने के लिए, हमें इस कथन के अन्य भागों पर विचार करने के लिए समय निकालना होगा।

यीशु का कथन तीन वाक्यांशों में बंट जाता है: "मैं अपने पिता में हूँ," "तुम मुझ में हो," और "मैं तुम में।" इस वाक्यांश का केंद्रीय बिंदु यीशु का अपने पिता के साथ उल्लेखनीय संबंध है। इसमें वह आश्चर्यजनक तथ्य जोड़ता है कि हम इसमें शामिल हैं (तुम मुझ में)। और फिर वह कहता है कि उसके पिता के साथ उसका रिश्ता अब हम में काम कर रहा है, हम में (मैं तुम में) बनने की कोशिश कर रहा है।

"मैं अपने पिता में हूँ।" क्या यह अजीब नहीं है, कि एक व्यक्ति अन्य किसी व्यक्ति के "अंदर" है? एकजुटता या घनिष्ठता को व्यक्त करते समय

सामान्य शब्द "साथ" का उपयोग किया जाता है। जैसे, "जॉन लौरा के *साथ* है।" हालाँकि, यीशु यह नहीं कहता है कि वह अपने पिता के "साथ" है; वह कहता है कि वह अपने पिता "में" है। यह विशेष प्रकार की भाषा है। यह हमें रोकने और अपने पिता के साथ यीशु के संबंध की प्रकृति पर विचार करने के लिए बनाई गई है। "में" का छोटा सा पूर्वसर्ग हमें यह बता रहा है कि पिता और यीशु के बीच कुछ बहुत ही असाधारण और अद्भुत चल रहा है।

मसीही कलीसिया हमेशा से यह मानती रही है कि परमेश्वर अकेले नहीं है, सुनिश्चित रूप से एक ही परमेश्वर है, लेकिन यह एक परमेश्वर संबंध में अस्तित्व रखता है, तीन व्यक्तियों के संबंध में। कई लोगों ने यह समझने की कोशिश में अपने बाल नोंचे हैं कि *तीन* एक के बराबर कैसे हो सकते हैं। अगर आप तीन किताबें लेकर उन्हें एक साथ रख दें, तो वे तीन किताबें ही रहती हैं, चाहे आप उन्हें एक साथ कितनी भी जोर से दबा लें! आप उन्हें एक दूसरे के ऊपर ढेर कर सकते हैं और उन पर दस टन का पत्थर रख सकते हैं, लेकिन वे तीन किताबें ही रहेंगी।

लेकिन क्या होगा अगर किताबें एक-दूसरे को पढ़ने में सफल हो जाएँ? और क्या होगा अगर वे एक-दूसरे को इतनी अच्छी तरह और पूरी तरह से पढ़ने में कामयाब रहे कि वे सभी एक ही बात को अपने तरीके से कहने लगे? यह कुछ ऐसा है जिसे कलीसिया परमेश्वर के बारे में देखते आई है। तीन अलग-अलग व्यक्ति हैं पिता, पुत्र और आत्मा—लेकिन वे अलग नहीं हैं। वे अलगाव में नहीं रहते हैं। वे एक दूसरे से छिपते नहीं हैं या रहस्य नहीं रखते हैं। वे एक दूसरे को *पढ़ते* हैं। वे एक दूसरे को पीछे और आगे, अच्छी तरह से, पूर्ण रूप से *जानते* हैं, और सभी चीजों को एक साथ बांटते हैं।

परमेश्वर न अकेला है और न तनहा। परमेश्वर न उदास है न खाली। परमेश्वर त्रिएक है - पिता और पुत्र आनंदमय संबंध, वास्तविक मिलन, आत्मा में उच्चतम क्रम की संगति में विद्यमान हैं। हमें इस संगति की एक झलक तब मिलती है जब हम पिता को यीशु से यह घोषणा करते हुए सुनते हैं, "तू

मेरा प्रिय पुत्र है, जिससे मैं अति प्रसन्न हूँ!" और हम यीशु का उत्तर सुनते हैं, "*अब्बा!* पिता!" यहाँ एक शक्तिशाली भाषा व्यक्त हो रही है। यह निश्चित रूप से ठंडी या नीरस नहीं है। और यह उस तरह की भाषा होने से बहुत दूर है जो हिचकिचाहट, छिपने या केवल बाहरी प्रदर्शन को सक्रिय करती है। इसे फिर से देखें:

तू मेरा *प्रिय* पुत्र है, जिससे मैं अत्यंत *प्रसन्न* हूँ! *अब्बा*! पिता!

यह पूर्ण हृदय की भाषा है - जोश, स्वीकृति और प्रसन्नता की। यह संगति की, शीघ्रता से समावेश की, आलिंगन की, परस्पर आराधना और वास्तविक स्नेह की भाषा है। यह एक भावुक, घेरने वाले प्रेम को प्रकट करती है जो ज्ञात होने की स्वतंत्रता उत्पन्न करती है और अंतरंगता, परिचित और पूर्ण एकजुटता के एक संवाद में अभिव्यक्ति तक पहुंचती है। जबकि पुरानी कहावत "परिचितता से अवमानना पैदा होती है" कुछ स्थितियों में अच्छी तरह से सच हो सकती है, परंतु यह परमेश्वर के साथ सच नहीं है। हम यहाँ जो देखते हैं कि स्वीकृति और प्रेम का उत्कृष्ट मेल स्वयं को आत्मा में पूर्ण परिचित होने के द्वारा व्यक्त कर रहा है ।

हम सभी ने उन क्षणों का अनुभव किया है जब हमें किसी दूसरे व्यक्ति की आंखों में देखना बहुत मुश्किल लगता था। हम दूसरे के चेहरे पर नजर घुमाते हैं और शायद क्षण भर के लिए दूसरे व्यक्ति की आंखों को देख सकते हैं, लेकिन तब लगभग अनियंत्रित रूप से हमारी आंखें ऐसे हट जाती हैं जैसे कि वास्तविक संबंध से बचने की पूरी कोशिश कर रहे हों। यह लज्जित होने का, गलत महसूस करने का फल है। यह हो सकता है कि हम वास्तव में गलत थे। या यह हो सकता है कि दूसरे व्यक्ति के पास हमें गलत महसूस कराने का वह अजीब तरीका था। जो भी हो, हमें शर्मिंदगी महसूस हुई, हमारा विवेक शुद्ध नहीं था, और इसने निश्चित रूप से हमें अपने आप को प्रकट करने की स्वतंत्रता को प्रभावित किया। जैसा कि हम कहते है, इसनें हमें मितभाषी (ऐसा व्यक्ति जो अपने विचारों / भावनाओं को आसानी से

प्रकट नहीं करता) संरक्षित (हर बात में सावधानी बरतने वाला) स्वयं सचेत (जो खुद के प्रति अति सचेत है) "बैचेन" बना दिया। हमारे पास शब्द कम हो गए और बातचीत में से घनिष्ठता और मुक्त प्रवाह गायब हो गए।

"मैं अपने पिता में हूँ" का अर्थ है कि परमेश्वर ऐसा नहीं है। पिता और पुत्र को यह समस्या नहीं है। वे एक-दूसरे को संदेह या असुरक्षा की दृष्टि से या अनकहे आरोप-प्रत्यारोप की दृष्टि से नहीं देखते हैं। जब पिता अपने पुत्र का नाम पुकारता है, तो यीशु भय से व्याकुल नहीं होता, न ही उसके हृदय पर लज्जा छा जाती है और न ही उसे एक धार्मिक मानव रूपी रोबोट में बदल देती है। उसके नाम का पुकारा जाना आत्मा में शुद्ध स्वतंत्रता की घटना है। पिता और पुत्र *एक दूसरे के हैं* और वे पारस्परिक स्वीकृति की अनकही स्वतंत्रता में रहते हैं, एक स्वच्छ अंतःकरण के खुलेपन और मुक्त प्रवाह में। कुछ भी छिपा नहीं है, कुछ भी आरक्षित नहीं है, कोई आत्म-चेतना नहीं है, कोई बैचेनी नहीं है, कोई भय या संकोच नहीं है। वे आत्मा में आमने-सामने रहते हैं।

"तू मेरा प्रिय है!" "*अब्बा!* पिता!" यह भाषा हमें जीवन की संगती जो बिना किसी शर्म या झिझक की स्वतंत्रता - जानने और ज्ञात होने के लिए लाती है, बिनाशर्त प्रशंसा और अनारक्षित आलिंगन की संगति, पूर्ण परिचितता, आत्म-प्रदर्शन और साझा करने के विषय में बता रही है, इतना कि यहां तक कि इस संबंध के वर्णन की शुरूआत का एकमात्र तरीका यह कहना है कि पिता और पुत्र न केवल एक दूसरे के साथ हैं बल्कि एक दूसरे में हैं। क्योंकि न कोई अलगाव है, न कोई दूरी है और न कोई रोक है।

अब, हम पहले अध्याय में घर के विषय में, किसी अन्य व्यक्ति से संबंधित होने के विषय में, सहज, समृद्ध और संपन्न संगति के विषय में, आपसी बुलाहट के संमिलन में जन्मे *जीवन के समारोह* के विषय में जो कुछ कह रहे थे, वह वास्तव में परमेश्वर का वर्णन है। यह आत्मा में पिता और पुत्र के बीच इस संबंध का वर्णन है, उनके बीच के *संगीत समारोह* का। यह वह

जगह है जहाँ अपनेपन और घर के जीवन के फलने फूलने का आनंद मौजूद है। यह आत्मा में पिता और पुत्र के संबंध में है, और कहीं नहीं।और वह छोटा सा पूर्वसर्ग " में " जिसका उपयोग यीशु ने किया है और जो हमें बहुत अजीब लगता है, हमें इसकी सरासर सच्चाई, धन्यता, आश्चर्य और महिमा और इसकी विलक्षणता और पूर्ण विशिष्टता के विषय में बता रहें है।

लेकिन यहाँ कुछ और भी है जिसे हम छोड़ने की हिम्मत नहीं करते। जब यीशु कहता है, "मैं अपने पिता में हूं," वह ऐसे नहीं बात कर रहा जैसे रिमोट कंट्रोल उसकी जुबान चला रही हो, या ऐसे नहीं बात कर रहा, जैसे वह अनंत काल के किनारे पर एक बालकनी से हम पर चिल्ला रहा है। वह हम से हमारे साथ *हम जैसा होकर* उस रूप में हमसे बात करता है। वह हमसे यह बात कर रहा है कि वह मनुष्य बन गया है। वह *देहधारी* पुत्र के रूप में बात कर रहा है। और वह हमें बता रहा है कि वह एक मनुष्य के रूप में पिता में है। वह हमें बता रहें है कि इस त्रिएक संबंध में अब एक मनुष्य भी शामिल है।

ऐसा नहीं है कि यीशु अचानक बाहर से इस रिश्ते में अपना लिया गया है, जैसे कि वह पहले से ही इसका हिस्सा नहीं था। बल्कि यह कि जो उसने अपने पिता के साथ हमेशा जिसका आनंद लिया, वह अब मानव बन गया है। आत्मा में पिता और पुत्र का अनंतकालीय संबंध अब यीशु के रूप में "पृथ्वी" पर आ गया है। उसने मनुष्य के अस्तित्व में आकार लिया। वह मानव रूप में बदल गया है। आत्मा में पिता और पुत्र की समृद्ध और धन्य संगति अभी और हमेशा के लिए एक अलौकिक-मानवीय संगति है।

पुत्र हमेशा से पिता की आंखों का तारा रहा है, अनंत काल के लिए, लेकिन अब वह एक मनुष्य के रूप में है। वह अपने पिता के अनोखे स्नेह को जानता है, उसके साथ बिना किसी शर्म की स्वतंत्रता और आपसी आनंद में रहता है, उसे अपने पूरे हृदय, आत्मा, मन और शक्ति से प्यार करता है और हमेशा की तरह उसके साथ सब कुछ साझा करता है, लेकिन अब एक

मनुष्य के रूप में।

जब यीशु कहता है, "उस दिन तुम जानोगे कि मैं अपने पिता में हूं," वह कह रहा है, "आप देखेंगे कि मरना तो दूर, मैं अपने पिता के साथ वास्तविक संबंध में जीवित हूं। आप देखेंगे कि मैं उसका हूँ और वह मेरा है। आप हमारी एकजुटता, हमारी सहमति, हमारे घर के जीवन को देखेंगे। आप देखेंगे कि मैं न केवल अपने पिता *के साथ* हूं, बल्कि *उनमें* हूं। और आप मुझे वहाँ एक व्यक्ति, एक मनुष्य के रूप में देखेंगे!"

यहाँ दो महत्वपूर्ण बिंदू हम पर जोर दे रहें है कि हम उनकी महत्वता को पहचाने। पहला तथ्य यह है कि परमेश्वर एक संबंधपरक प्राणी है, एकता का परमेश्वर है, जो प्रेम की महान संगति में विद्यमान है। जैसा बाइबल कहती है, "परमेश्वर प्रेम है"(1 यूहन्ना 4:8) और संबंध के बिना प्रेम विद्यमान नहीं हो सकता। प्रेम स्वीकृति और संजोने में, जानने और ज्ञात होने की स्वतंत्रता में, और इस तरह जानने, ज्ञात होने के जीवन में पूर्ण अभिव्यक्ति तक पहुँचता है। संगति, एकता में अपनी पूर्णता तक पहुँचती है, जहाँ भय, छिपने की और रोकने की पूर्ण अनुपस्थिति है, और वास्तविक एकता, एकजुटता और एकात्मकता की उपस्थिती है, हमारी व्यक्तिगत पहचान ना खोते हुए अन्योन्य-समवेतता (पेरिकोरिसिस)। परमेश्वर इस तरह से उपस्थित होते हैं, त्रिएक परमेश्वर पिता, पुत्र और आत्मा के रूप में -प्रेम की एक अन्योन्य-समवेतता (पेरिकोरेटिक) संगति में।

दूसरा बिंदु यह तथ्य है कि पिता, पुत्र और आत्मा की इस अलौकिक संगति अपनी सम्पूर्णता में धरती पर स्थापित की गई है और इसे मानव और अस्तित्व के भीतर स्वयं को पूरा किया है। त्रियात्मक जीवन अब स्वर्ग में केवल एक अनंतकालीय अलौकिक संगति नहीं रह गया है। इसने अब स्वयं को स्थान और समय में, मानव अस्तित्व में व्यक्त किया है। यीशु मसीह पिता का अनंतकालीय पुत्र है। लेकिन अब वह मनुष्य हो गया है। वह, हमेशा की तरह, पिता का प्रिय, गले से लगा हुआ, वह जो पिता को जानता और प्रेम

करता है और आत्मा में उसके साथ वास्तविक और आनंदमय संगति में रहता है—लेकिन वह अब एक मनुष्य के रूप में यह सब है।

क्रिसमस की कहानी हमारे सामने जो आश्चर्यजनक वास्तविकता लाती है, वह यह है कि पिता, पुत्र और आत्मा की यह दैवीय संगति, यह प्रेम और एकता का अलौकिक समाज, इस दैवीय अलौकिक जीवन ने स्वयं को मानव रूप में बदल दिया है। और क्रिसमस की कहानी के साथ स्वर्गारोहण का भी उतना ही चौंका देने वाला समाचार आता है, जब *मनुष्य रूप धारण करने वाला* पुत्र, जैसा कि पद कहता है, स्वर्ग पर चढ़ गया और सर्वशक्तिमान पिता परमेश्वर के दाहिने ओर बैठ गया। इस बात पर अच्छी तरह से ध्यान दे कि यह न तो कोई स्वर्गदूत था और न ही कोई भूत जो कब्र से उठकर पिता के पास गया था। यह *देहधारी* पुत्र यीशु मसीह था। एक मनुष्य के रूप में, अपने देहधारी रूप को कभी न त्यागते हुए, वह पिता के दाहिने ओर, सम्मान, विशेषाधिकार और महिमा के स्थान पर बैठता है। एक मनुष्य के रूप में, वह पिता को जानता है, आत्मा की संगति में उसके आनंद में रहता है, और हर उस चीज़ में है जिसमें परमेश्वर है। सच्चा मसीही सन्देश इन सब बातों से कुछ भी कम नहीं हो सकता।

यीशु ऐसा क्यों करेगा? वह मनुष्य बनने के लिए क्यों नीचे उतरेगा? उसे इसकी कोई आवश्यकता नहीं थी। उसने सर्वदा से अपने पिता को जाना है और अपने पिता के पूर्ण ध्यान और स्नेह का आनंद लिया है। उसने सर्वदा से अपने पिता के साथ आत्मा में जीवन की सहमति को साझा किया है। वह जीवन की इस संगति को धरती पर उतारने का समय और दर्द क्यों लेगा? त्रिएक परमेश्वर ऐसा क्यों करेगा? क्या यह इसलिए क्योंकि उनकी संगति में कुछ कमी थी? क्या इसलिए क्योंकि वह ऊब गए थे? बिल्कुल नहीं! इस अनंतकालीय घरेलू-जीवन को धरती पर लाने और मानवीकरण करने का एकमात्र कारण इसे हमारे साथ साझा करना था। जैसा कि पूर्वजों में से एक ने कहा, यीशु वह बन गया " जो हम हैं ताकि वह हमें वही बना सके जो

वह स्वयं है।"[2] क्या यह बात शब्दों के बयान से बाहर नहीं है? क्या परमेश्वर वास्तव में ऐसा हो सकता है और ये स्वरूप मुझ पर, हम पर, दुनिया पर हो सकता है? एक मसीही दृष्टिकोण से, इस परमेश्वर से कम कुछ भी, और हमें शामिल करने के लिए दृढ़ संकल्प की इस तस्वीर से बाहर कुछ भी, केवल हमारी कल्पनाओं की एक झूठी कहानी है, एक मूर्ति, एक दोष लगाने वाला धोखा है!

"तुम मुझ में।" इस कथन का दूसरा भाग अब काफी चौंका देने वाला अर्थ बताता है। वह जो पिता की आँखों का तारा है, प्रिय जिसमें पिता की आत्मा प्रसन्न होती है, जो गले लगाने के योग्य है, वह जो आत्मा में अपने पिता के साथ वास्तविक संगति में रहता है - यह कहता है, "*तुम मुझ में हो*!" क्या यह दिल को हिलाने वाला कथन नहीं है? क्या तीन छोटे शब्द संभवतः अधिक आश्चर्यजनक हो सकते हैं? अब शांति में इस पर मनन करो।

यीशु हमें बहुत सरल शब्दों में यह बता रहा है कि हम *उसमें* शामिल हैं। एक ओर, वह हमें अपने पिता के साथ अपने उल्लेखनीय संबंध के विषय में बताता है। दूसरी ओर, वह हमें यह बताता है कि हम उसके पिता के साथ उसके रिश्ते में शामिल हैं। *हम* साझा जीवन के *इस* धन्य चक्र में शामिल हैं।

"तुम मुझ में हो," इसका अर्थ है कि यीशु के साथ हम पिता की महिमामय घोषणा "तू मेरा प्रिय पुत्र है, जिससे मैं अति प्रसन्न हूँ!" के अंतर्गत आते हैं, और इसका अर्थ है कि हम यीशु के उत्तर में शामिल हो गए हैं, "*अब्बा*! पिता!" *इस* संगति में हमारा स्थान है। यह घर है, हमारा घर है।

कुछ साल पहले मैं एक हवाई अड्डे पर खड़ा था और स्कॉटलैंड में हमसे मिलने आने वाले एक मित्र से मिलने का इंतज़ार कर रहा था। जब मैं अपने मित्र के विमान का इंतज़ार कर रहा था तो उस समय मैंने एक युवक को प्रतीक्षा क्षेत्र में खड़ा देखा। वह स्पष्ट रूप से उत्साहित और चिंतित नज़र

2 सेंट इरेनियस *पाषंड के खिलाफ,* किताब 5, प्रस्तावना नायसिन पूर्वजो के खिलाफ, भाग 1 *'प्रेरिताई के पूर्वज' जस्टिन मारर्टियर और इरेनियस,* एडिटेट बाय अलेक्झांडर रॉबर्ट और जेम्स डोनालसन (ग्रँड रॅपिड्स : Wm. B. Eerdmans पब्लिकेशन को. पुर्नरावृत्ती 1987)

आ रहा था। वह बेचैनी से विमानों के आगमन को दर्शानेवाले मॉनिटर को बार-बार देख रहा था और फिर थोड़ा चलता, विमान पट्टी (रनवे) पर नज़र डालता, और फिर से आगमन मॉनिटर के पास वापस आ जाता।

कुछ ही समय बाद एक विमान उतरा और टर्मिनल के लिए मुडते हुए दिखा। यह बिल्कुल स्पष्ट था कि यही वह विमान है जिसका वह इंतजार कर रहा था। वह सीधा दरवाजों के सामने बरामदे में आ गया जो विमान यात्रियों के आगमन के लिए होता है। कुछ ही समय में दरवाजे खुल गए और हर तरह के लोग आने लगे, कुछ मुस्कुराते हुए, कुछ ऐसे जिनके चेहरे पर "मैं अब कहाँ जाऊं" यह प्रश्न दिखायी दे रहा था, कुछ उत्सुकता से एक परिचित चेहरे की तलाश में दिखाई दिए।

फिर ऐसा हुआ। एक छोटा लड़का बाहर आया और दरवाजे पर रुक गया। उसने भीड़ को बारीकी से देखा। एक चिंतित हिरण की तरह वह किसी की आवाज़ सुनने के लिए उत्सुक था। फिर उसने अपने पिता की आवाज सुनी, उनकी आंखें मिलीं और वह छोटा लड़का अपने अस्तित्व के हर तंतु के साथ तेज़ी से दौड़ा। यह एक खास घटना थी। हवाई अड्डे पर सब कुछ रुका हुआ नजर आ रहा था। यह घटना ऐसी थी कि जैसे किसी ने एक बड़ा विराम बटन दबा दिया और पूरी दुनिया इस छोटे लड़के और उसके पिता को देखने के लिए रुक गई।

पलक झपकते ही छोटा लड़का दरवाजे से अपने पिता के पास उछला और उसकी बाँहों में कूद गया। कोई भी माता-पिता इसे बिना आंसुओं के नहीं देख पा रहे थे। यह असीम आनंद, वास्तविक खुशी और एकजुटता में गले लगाने का क्षण था।

जैसे ही मैंने इस लड़के और उसके पिता को गले लगाते देखा, ऐसा लगा जैसे स्वर्ग से कोई आवाज़ आई हो:

> बॅक्सटर, बॅक्सटर, यह एक सुसमाचार है, जो आपकी आंखों के सामने है। यह मेरे प्यारे देहधारी पुत्र का

पुनरुत्थान और स्वर्गारोहण है। वह मनुष्य की नाईं दूर देश से फुर्ती से मेरे पास आ रहा है। हम इस प्रकार से गले लगते है। और अच्छी खबर यह है कि वह अकेला नहीं है, उसके पास आप हो और सारी दुनिया उसके साथ है।

इससे कम कुछ भी नहीं है जो यीशु हमें उन तीन अद्भुत शब्दों में बता रहे हैं, "तुम मुझ में हो।" वह पिता में है। केवल उसका ही परमेश्वर के साथ ऐसा संबंध है, अपने पिता के साथ यह सही संबंध है, आत्मा में यह सहज, मुक्त-प्रवाही एकता है, लेकिन वह अकेला नहीं है - हम उसमें शामिल हैं। उसके पास सर्वशक्तिमान पिता परमेश्वर के साथ एक घर है और हम भी उसमें शामिल हैं।

हमें यीशु मसीह के जीवन को दो अलग-अलग समय में देखना होगा। पहली बार हम देहधारण के आश्चर्यजनक तथ्य में व्यस्त हैं। पिता का अनंतकालीय पुत्र मानव बन गया। और अपने देहधारी अवस्था में, उसने मानव रूप में अपने पिता के साथ अपने अनन्त काल के घर के जीवन को व्यक्त किया और पूरा किया। पहले उदाहरण में, हमारा सारा ध्यान इस बात पर है कि परमेश्वर के पुत्र के साथ क्या हुआ, देहधारण में उसका क्या हुआ। हम उसे मरते, जी उठते और पिता के पास जाते हुए देखते हैं। और अब हम उसे देहधारी, क्रूस पर चढ़ाए गए और जी उठे पुत्र के रूप में देखते हैं, जो आत्मा की संगति में अपने पिता के साथ घर में है।

लेकिन फिर हमें दूसरी बार यीशु मसीह के जीवन को देखना चाहिए। इस बार हम देखते हैं कि उसके जीवन, मृत्यु, पुनरुत्थान और स्वर्गारोहण में हमारे साथ कुछ हो रहा था। जब वह मरा, तो हम मर गए (2 कुरिं 5:14)। अपने देहधारी जीवन में, त्रिएक परमेश्वर आपके, मेरे और संसार के साथ कुछ कर रहा था। "परमेश्वर ने मसीह में होकर अपने साथ संसार का मेल मिलाप कर लिया" (2 कुरिं 5:19)। एक तरफ से, हम देखते हैं कि यीशु मसीह एक देहधारी पुत्र है जो एक मनुष्य के रूप में अपने पिता के साथ

अपने रिश्ते को जी रहा है। दूसरी ओर से, हम देखते हैं कि यीशु मसीह त्रिएक परमेश्वर का एक कार्य है जिसके द्वारा हमें अपनाया गया, शुद्ध किया गया और धन्य चक्र में शामिल किया गया। प्रारंभिक कलीसिया ने यीशु और आत्मा को, पिता की दो भुजाओं के रूप में समझा, जिसके द्वारा वह हमारे पास पहुंचा, हमें थाम लिया, हमें शुद्ध किया और हमें घर ले आया।

यीशु मसीह में, त्रिएक परमेश्वर ने आदम, आपको, मुझको, संसार को थाम लिया और उसकी मृत्यु में, आदम मर गया, आप मर गए, हम सब मर गए। उनकी मृत्यु में हमें क्रूस पर चढ़ाया गया था। उनकी मृत्यु के द्वारा हमारा खतना किया गया, मौलिक रूप से सभी पापों और अलगाव से शुद्ध किया गया, पूर्ण रूप से परिवर्तित किया गया। उनके पुनरुत्थान के द्वारा, हम नए, जीवित, बिना दाग या झुर्रियों के पेश किये गए। और उनका स्वर्गारोहण वह कार्य था जिसके द्वारा हमें पिता के पास ले जाया गया, उनकी उपस्थिति में लाया गया और उनके साथ वास्तविक संबंध स्थापित किया गया।

पहले उदाहरण में, हमारा ध्यान इस बात पर केंद्रित है कि देहधारण से स्वर्गारोहण तक पुत्र का क्या हुआ। दूसरे उदाहरण में, हमारा ध्यान इस बात पर केंद्रित है कि उसमें हम क्या बन गए। यीशु के आने की पूरी घटना - उसका जीवन, मृत्यु, पुनरुत्थान और स्वर्गारोहण - एक प्रतिस्थानिक घटना थी। यह एक ऐसी घटना थी जिसमें हमें निर्णायक रूप से डाला गया था। यह एक ऐसी घटना थी जिसमें परमेश्वर ने हमारे साथ कार्य किया।

हमें यह देखने की जरूरत है: यीशु में, त्रिएक परमेश्वर ने ना केवल हमारे *लिए* कुछ किया, बल्कि हमारे *साथ* किया और हम *को* भी कुछ किया। यीशु मसीह का जीवन पिता का वह कार्य है जो हमें त्यागने से बिल्कुल इनकार करता है, हमें अलगाव में फड़फड़ाते हुए छोड़ने से इंकार करता है, हमें जीवन चक्र के बाहर छोड़ने से इंकार करता है। उसका जीवन हमारे लिए पिता के जुनून का कार्य है जो हर खाई को पार करते हुए, हर बाधा को तोड़ते हुए, हमें लगातार खोजते और ढूंढते, हमें थामने और हमें घर लाता है।

यीशु कहता है, "मैं अपने पिता में हूं, और तुम मुझ में।" यह सरल कथन इस बात का सारांश है कि यीशु मसीह ने अपने आगमन के द्वारा क्या पूरा किया। एक ओर, उसने आत्मा में अपने पिता के साथ अपने अनन्त काल के घर के जीवन का मानवीकरण किया। दूसरी ओर, उसने हमें थाम लिया, अपनी मृत्यु के द्वारा हमारे अलगाव को दूर किया, हमें अपने पुनरुत्थान के द्वारा नया किया और अपने स्वर्गारोहण में हमें पिता की उपस्थिति और संगती में ऊंचा किया।

यही हमारे विषय में सबसे गहरा सच है। हम देहधारी पुत्र के अस्तित्व में उसके पिता के साथ शामिल हैं। हमें *इस* रिश्ते में जगह दी गई है। जैसे पिता, पुत्र और आत्मा की संगति के स्वभाव को तीन कहना स्पष्ट उल्लंघन होगा, वैसे ही यह एक गंभीर उल्लंघन होगा कि त्रिएक परमेश्वर ने यीशु मसीह में हमारे साथ जो किया है, इसके बावजूद हम अपने आप को अकेला, त्यागा हुआ, शर्मिंदा, गलत देखते हैं! क्योंकि हम उस *में* हैं जो पिता में है। हम घर पर हैं।

भले ही यह आश्चर्य चकित और चौंका देने वाला है, यह हमारे विषय में एक महान सत्य है। यह हमारे अस्तित्व का रहस्य है। यह हमसे छिपा हुआ हो सकता है, हमारी दृष्टि से छिपा हो सकता है और जिस तरह से हम स्वयं को और अपने जीवन को देखते हैं उससे बहुत दूर हो सकता है; फिर भी, यह सच है। सनातन पुत्र मानव बन गया। एक मनुष्य के रूप में वह अपने पिता को अंदर और बाहर जानता है, और विश्वास और सुरक्षा, आनंद और स्वतंत्रता में अपने पिता के साथ आत्मा में रहता है। और हम उसके पिता के साथ उसके देहधारी संबंध में शामिल हो गए हैं। हम शामिल *हैं*।

"मैं तुम में हूँ।" हमने काफी क्षेत्र को पूरा कर लिया है, है ना? हम घर शब्द की रहस्यमय शक्ति में रुचि से समृद्ध एकता और त्रिएक परमेश्वर की सहमति में चले आए हैं। और हम चौंका देने वाले दोहरे सत्य से जूझने लगे हैं कि (अ) यह अलौकिक सहमति मानव में अभिव्यक्त की गई है, और (आ)

हम इसमें शामिल थे और हैं। यह दोहरा सत्य हमारे सामने हमारी सच्ची पहचान, हमारा सच्चा घर खड़ा करता है।

लेकिन एक तीसरा बिंदु है, जो हमारी पहचान से आगे, हमारे सामने हमारे अस्तित्व का रहस्य रखता है। शायद हमें कहना चाहिए, यह मसीह में हमारी वास्तविक पहचान के पहलुओं को सामने लाता है। यीशु के कथन के अंतिम तीन शब्द (मैं तुम में हूँ) हमारी इस तथ्य से पहचान कराते हैं कि जीवन जैसा कि हम अभी जानते हैं, आपका जीवन, मेरा जीवन, हमारी कल्पना से कहीं अधिक है। हमारे जीवन के समीकरण में एक कारक है जो हमसे पूरी तरह दूर कर चुका है—यीशु मसीह अपने पिता में कहीं ऊपर नहीं है, वह हम में है। आत्मा की संगति में अपने पिता के साथ उसका संबंध ब्रह्मांड के सुदूर कोनों में किसी स्वर्गीय गोदाम में नहीं रखा गया है; यह हमारे भीतर काम कर रहा है और अब स्वयं को हमारी मानवता में व्यक्त कर रहा है। यही हमारे जीवन का रहस्य है। हम यीशु के घर के जीवन में उसके पिता के साथ सहभागी हैं।

जब मेरा अपना बेटा लगभग छह साल का था, वह और उसका एक दोस्त एक कमरे में चले आए, जहां मैं डाक की छंटनी कर रहा था। मैं उसके दोस्त को बिल्कुल नहीं जानता था। हम अजनबी थे। लेकिन जो हुआ वह हमारे भीतर काम कर रहे रहस्य का एक आकर्षक उदाहरण है। जबकि यह छोटा लड़का मुझे नहीं जानता था, मेरा बेटा मुझे जानता था। मेरे बेटे का मेरे साथ संबंध था। वह मेरे साथ घर पर था और चंचल होने के लिए स्वतंत्र था, मेरी उपस्थिति में आने और खेलने के लिए स्वतंत्र था। और उसने बस यही किया। स्वीकार किए जाने की स्वतंत्रता के कारण वह मेरी उपस्थिति में आ गया, सोफे पर उछला, और मुझे उनके साथ खेलने में लगा दिया। और उसके मित्र ने स्वयं को किसी ऐसी चीज़ की उपस्थिति में पाया जो उसकी नहीं थी। उसने अपने आप को हमारी संगति के बीच में घिरा पाया। मेरे बेटे की स्वतंत्रता और मेरे साथ मेरे बेटे के सुखदाई रिश्ते ने उस छोटे लड़के के दिल में जगह बना ली। उसने इसका अनुभव किया। वह भी हमारे साथ खेला

और यह अनुभव उसका भी बन गया।

यह हमारे अस्तित्व के रहस्य की तस्वीर है। हमारे जीवन में यही सब चल रहा है। वास्तविक अनुग्रह में, हम देहधारी पुत्र के पिता के साथ उसके घर के जीवन में शामिल हो गए हैं, और जो कुछ भी इस संबंध में बंधा हुआ है वह हमारे भीतर काम कर रहा है। हम उसमें रह रहे हैं, उसमें घूम रहे हैं, मसीही हवा में सांस ले रहे हैं, परमेश्वर के अस्तित्व के साथ मसीह के संबंध में भाग ले रहे हैं, और उसके घर के अनुभव को साझा कर रहे हैं।

यीशु मसीह ही केवल पिता को जानता है और उसके साथ उसका वास्तविक और सही संबंध है (मत्ती 11:27)। वह अकेला ही परमेश्वर के अस्तित्व से जुड़ा है। वह अकेला ही सर्वशक्तिमान पिता परमेश्वर की स्वीकृति को जानता है, पिता की गरिमा, महिमा, आनंद और सुरक्षा में हिस्सा लेता है, उसके हर्ष और आनंद का अनुभव करता है, और आत्मा में उसके साथ जीवन की संगति में रहता है। लेकिन उसने अकेले न रहने का निर्णय लिया है। उसने स्वयं को हमारे साथ साझा करना चुना है। जब वह पिता परमेश्वर की आंखों में देखता है, वह हमें अपने अस्तित्व में, जो वह देखता है और जानता है और अनुभव करता है, उसमें एक हिस्सा दे रहा है। वह हमारे साथ अपनी आत्मीयता, छिपने से मुक्ति और अपने पिता के साथ संगति की स्वतंत्रता साझा कर रहा है। हम उसके पिता के साथ उसके रिश्ते में शामिल हो गए हैं और यह हमारी मानवता में, हमारे हृदयों, विचारों, कार्यों और रिश्तों में स्वयं को व्यक्त कर रहा है।

यहाँ धर्म और मसीहीयत के बीच मूलभूत अंतर है। धर्म क्रिसमस के विषय में नहीं जानता। यह पुत्र के देहधारण या आत्मा में अपने पिता के साथ उसके अनन्त काल के घर के जीवन के मानवीकरण के विषय में नहीं जानता है। धर्म नहीं जानता कि हम इस रिश्ते में शामिल हो गए हैं। यह हमारे जीवन, हृदय, विचारों और संबंधों में इस यीशु मसीह की उपस्थिति के विषय में नहीं जानता है - यह यीशु जो अपने पिता को जानता है, उन्हें

अपने पूरे हृदय, आत्मा, मन और शक्ति से प्यार करता है, पिता के हर्ष और प्रसन्नता का आनंद लेता है , और जो कुछ उस ने बनाया है, उन सब में उनकी महिमा करता है।

इस प्रकार धर्मांध मनुष्य स्वयं को एक अकेले व्यक्ति के रूप में अपने बल पर खड़ा देखता है। वह खुद को यीशु मसीह को जानने वाला और उसके हृदय का सहभागी नहीं देखता है। उसका अपना हृदय और दिमाग है। इस प्रकार उसे परमेश्वर की महिमा करने के लिए स्वयं पर छोड़ दिया जाता है। और वह इस घमंडी निष्कर्ष के साथ रह जाता है कि उसकी अलौकिक चीजों में रुचि, न्याय के लिए उसकी चिंता, दूसरों की देखभाल, उसकी बुनियादी अच्छाई, उसकी इच्छाएं और प्रार्थनाएं, दोस्तों के साथ उसकी संगति और परिवार और जीवन के लिए उसका प्यार सभी का मूल उसका अपना दिल है। या अंत में उसे कमजोर करने वाली धारणा के अंतर्गत छोड़ा जाता है कि उसे इन सभी चीजों को अपने आप में उत्पन्न करना होगा। धर्म का कोई मध्यस्थ नहीं होता। यह मानवता को परमेश्वर के सामने अपने आप अकेले में खड़ा कर देता है।

मसीहीयत धर्म नहीं है। मसीहीयत वह घर का सा जीवन है जो यीशु मसीह अपने पिता के साथ आत्मा में हमारे अंदर और द्वारा व्यक्त करता है। यह जीवन काम करने, खेलने, खाना पकाने और सफाई करने, मछली पकड़ने, गोल्फ खेलने और बागवानी करने, संगति करने, रिश्ते, दोस्ती और विवाह करने के रूप में आकार लेता है। मसीहीयत यीशु मसीह का जीवन है जो हम में बनता है (गलातियों 4:19; इफिसियों 4:13)। यह सभी चीजों को भरने वाले त्रिएक परमेश्वर की मानवता के विषय में है (इफिसियों 4:10)।

एक तरह से, यह वह लक्ष्य है जिसकी ओर सृष्टि घूमती है और जिसके लिए हम प्रार्थना करते हैं (इफिसियों 3:14-19; यूहन्ना 17:22-26)। हम राज्य के आने के लिए प्रार्थना करते हैं, और परमेश्वर का राज्य क्या है, केवल घर-का-सा-जीवन, आनंद, सुरक्षा और स्वतंत्रता, प्रेम और संगति जो देहधारी

पुत्र का आत्मा में अपने पिता के साथ अपने रिश्ते में अभी और हमेशा के लिए है? क्या राज्य का आगमन केवल यही नहीं है कि इस यीशु का जीवन हमें और सारी सृष्टि को भर रहा है? क्या यह घर नहीं है? क्या यह हमारी गहरी इच्छा, हमारे भीतर की तीव्र प्रार्थना नहीं है?

लेकिन दूसरी तरह से, हमें यह देखना चाहिए कि यह कोई लक्ष्य नहीं है बल्कि एक बहुत ही वर्तमान वास्तविकता है। "मैं तुम में हूँ" का अर्थ है कि अब हम यीशु मसीह में थामे गए हैं और उसमें भाग ले रहे हैं। वह अब हम में है, जो स्वयं को हमारे साथ बाँट रहा है और हमारे द्वारा स्वयं को व्यक्त कर रहा है। उसका घर-का-सा-जीवन, उसकी खुशियाँ और बोझ, उसकी प्रसन्नता और स्वतंत्रता, उसकी सुरक्षा और आश्वासन, उसकी आशा और शांति पहले से ही आप में काम कर रही है। यही वह रहस्य है जो हमारे इतने करीब है पर हम उसे देख नहीं सकते।

यह हमारी संगति नहीं है जिसका हम आनंद लेते हैं। यह न्याय के लिए हमारी भूख या प्यास नहीं है। यह हमारी भलाई या दूसरों के लिए बोझ नहीं है। यह सूर्यास्त में हमारा आनंद नहीं है, जीवन के लिए हमारा जुनून या खेलने की स्वतंत्रता नहीं है। यह हमारी गहरी चीजों में रुचि या वास्तविक होने की हमारी तीव्र इच्छा नहीं है। यह जानने और ज्ञात होने के लिए हमारा कराहना, रोना नहीं है। यह हमारी सुरक्षा नहीं है जो हमें दौड़ने के लिए स्वतंत्र करती है। यह है कि हम में यीशु मसीह है। यह पिता की "तू मेरा है!" और देहधारी पुत्र का "*अब्बा*, पिता!" की संगति है जो मिलकर हम में बसती है और आत्मा के द्वारा व्यक्त भी करती है। लेकिन हम इतने धोखे में हैं कि हम इसे देख नहीं सकते। यह सब बहुत मानवीय है, बहुत सामान्य है, बहुत करीब है। लेकिन हम सब चीजों को नजरअंदाज करके बाकी अन्य चीजों में व्यस्त हो जाते हैं।

यीशु कहते हैं, "मुझ से अलग होकर तुम कुछ भी नहीं कर सकते " (यूहन्ना 15:5)। हम इस "कुछ भी नहीं" को कैसे समझ सकते हैं? क्या

इसका शाब्दिक अर्थ है "कुछ भी नहीं"? क्या इसका यह अर्थ है कि हम यीशु के बिना सांस भी नहीं ले सकते, हंस भी नहीं सकते हैं, भोजन और दोस्तों में आनंदित नहीं हो सकते हैं, अपने बच्चों से प्रेम नहीं कर सकते हैं, बास्केटबॉल नहीं खेल सकते हैं? या "कुछ भी नहीं" का अर्थ अधिक उत्कृष्ठ चीजें हैं जैसे प्रार्थना करना, बाइबल पढ़ना, कलीसिया जाना, गवाही देना?

पौलुस जो हमारे हृदयों में आत्मा की गवाही के विषय में कहता है, उसे समझने में मैंने कई साल संघर्ष किया है: "और तुम जो पुत्र हो, इसलिये परमेश्वर ने अपने पुत्र के आत्मा को, जो हे अब्बा, हे पिता कह कर पुकारता है, हमारे हृदय में भेजा है।" कौन इस गवाही के अर्थ का अनुभव नहीं करना चाहता? लेकिन मेरे लिए, यह बात हमेशा बहुत उत्कृष्ठ, बहुत गूढ़ और रहस्यमयी, बहुत आत्मिक लगती थी। यह मेरी समझ से परे था। "शायद एक दिन," मैं अपने आप से कहता था, "मैं इस स्तर तक पहुँच जाऊँगा।"

फिर एक दिन इसने अचानक से मुझे जगाया: बॅक्सटर, क्या आपको लगता है आप अपने आप ऐसी चीजों की चिंता कर पाते? क्या आपको ईमानदारी से यह लगता है कि आप अपने बल से शेर के डरावने पिंजरे से आगे बढ़ पाते, जब आपने आखिरकार डोरोथी के साथ महान जादूगर का सामना किया, "विज़ार्ड ऑफ़ ओज़" इस फिल्म में? क्या आपको लगता है कि आपके मन में अपने आप अध्ययन करने, चिंतन करने और कुश्ती करने का, प्रार्थना में परमेश्वर के पास जाने के लिए शुद्ध विवेक और वास्तविक स्वतंत्रता का कोई जुनून आया? *आपको* शुद्ध विवेक कहाँ से मिला? आपने परमेश्वर के पास जाने और उसे "पिता" कहने की यह साहस से भरी स्वतंत्रता कहाँ से प्राप्त की है? क्या इन बातों का स्त्रोत आपके हृदय में है?

नहीं। यह यीशु के *अब्बा* है जो पहले से ही आप में काम कर रहें है, जो अपने आप को आपके मन और हृदय और जीवन में व्यक्त कर रहें हैं। यह उसका संबंध, उसकी रुचि और उसके पिता के लिए प्रेम, उसकी स्वतंत्रता और उसके पिता के साथ संगति है जो पहले से ही आप के अंदर आत्मा में

काम कर रही है, आप में बनाई जा रही है। यह आप नहीं हैं, बल्कि आप में मसीह हैं।

जब हम उसकी आराधना और महिमा करने के लिए बड़ी सभाओं में एकत्रित होते हैं तो प्रभु हमारे विषय में क्या सोचता होगा? हम प्रार्थना करते हैं कि वह आयें और उपस्थित हों और वह हमारी आराधना को स्वीकार करें। जैसे मानो वह अनुपस्थित है। जैसे मानो हम, अपने बल पर, अपने हृदयों के कारण, वास्तव में उसकी आराधना करना चाहते थे। जैसे मानो, हम अपने बलबूते पर यीशु मसीह के उसके पिता के साथ संबंध के बगैर, उसके पिता से उसका प्रेम और प्रसन्नता के बगैर, उसके घर पर होने के अनुभव और शुद्ध विवेक के बगैर, उसके पिता को जानने और सम्मान करने के जुनून के बगैर, हम इकट्ठा तो हो सकते है - पर परमेश्वर की महिमा के लिए कुछ परिणाम उत्पन्न करना यह दूर की बात है। क्या घमंड! क्या अंधा और दम घुटने वाला अज्ञान है! परमेश्वर का राज्य वास्तव में यहाँ पहले से ही है।

लेकिन हमारे बाकी के जीवन के विषय में क्या? सोमवार से शनिवार के विषय में क्या? हमारे काम और हमारे खेलने के विषय में क्या? संगीत और संगति में हमारे आनंद के विषय में क्या? ब्रह्मांड या व्हेल, पौधों में हमारी रुचि के विषय में क्या? टूटे हुओं और बीमारों के लिए हमारी चिंताओं के विषय में क्या? दिन के अच्छे समय में आनंद और प्रेम के विषय में क्या? आराम करने की हमारी स्वतंत्रता के विषय में क्या है, वह अनोखी सुरक्षा जो हमें आँखे बंद करने की इजाजत देती है और चैन लाती है। दूसरों की भलाई के लिए हमारे बलिदान का क्या? यह सब कहाँ से आता है? क्या यह हमारे हृदयों में उत्पन्न होता है? क्या इसका स्रोत हमारी भलाई में है? क्या यह हमारा प्रेम और आनंद और हर्ष और बोझ है? नहीं। यह हम में यीशु मसीह है, महिमा की आशा (कुलुस्सियों 1:27), क्योंकि उसके बिना हम कुछ भी नहीं कर सकते।

"मैं तुम में हूँ" का अर्थ है कि हमारे भीतर और हमारे आस-पास जितना

हमने कभी सोचा भी नहीं था, उससे कहीं अधिक चल रहा है। यीशु मसीह का विश्वास और विश्वासयोग्यता, उसका आनंद और आश्वासन, उसकी सुरक्षा और आशा, उसकी स्वतंत्रता और शुद्ध विवेक, उसकी संकोचहीनता और उसके पिता के साथ स्वतंत्रता से बहने वाली संगति, ये सब हमारे जीवन में स्वयं को व्यक्त कर रही है। यह कोई लक्ष्य नहीं है; यह वास्तव में अभी हो रहा है। हम उसकी मध्यस्थता के फल हैं।

क्या यही नहीं है जिसे हम जीवन में, संगीत में, सूर्यास्त की सुंदरता में, अपने रिश्तों में, अपने काम और खेल में प्यार करते हैं? यीशु मसीह में हमारी महिमा, यीशु के लिए पिता की प्रसन्नता और स्नेह में हमारा स्थान, पिता द्वारा स्वीकृति की स्वैच्छिक लय, पिता के साथ उसका जो वास्ता है उसके उत्कर्ष, उमड़ते आनंद को यीशु द्वारा हम तक लाना, हमें उसमे भाग देना, यह हमारे लिए मानो एक संगीत समारोह सा हैं।

क्या यह असांत्वनीय स्वप्न का वास्तविक स्रोत नहीं है? यीशु में हमारे पास सर्वशक्तिमान पिता परमेश्वर के साथ एक घर है। हम इसके आनंद और जीवन और खुशहाली को जानते हैं। हमने उसकी महिमा का स्वाद चखा है। हमने संगीत सुना है और नृत्य को जाना है। लेकिन हम संतुष्ट नहीं हैं। कुछ तो हमारी सहभागिता में बाधा डालता है। हम अपने पिता के साथ यीशु की संगति में पूर्ण सहभागिता के लिए अपने आप को स्वतंत्र नहीं पाते। और यीशु मसीह में हमारा सच्चा घर, रहस्य, हमें *बुलाता रहता है।* यह बुलावा कभी कम नहीं होगा। यह हमारे भीतर सबसे गहरी, खोजने और कष्ट देने वाली इच्छा है। *होमसिकनेस! (घर से बाहर रहने से परेशान)।*

क्या हमारे लिए यही सच्ची सामर्थ नहीं जो " घर " इस शब्द में बसती है? यह वर्णाक्षरो का ऐसा जमावडा है जिसे हम इस समृध्द जीवन के साथ जोड़ते है, जो त्रिएक नृत्य में खोने के कारण हमें हमारी पहचान और पूर्णता में लाता है।

घर ऐसी बारीकियों को इकट्ठा करता है, और हमसे ढेर सारी बातें

करता है, लगभग चमत्कारिक रूप से हमें अपनी याद दिलाता है, हमें आगे बढ़ाता है और हमें प्रेरित करता है, क्योंकि यह मसीह में हमारे शामिल होने के रहस्य का वह भौतिक और श्रव्य (सुनाई देने वाला) प्रतिक है, जो हमारे लिए मायने रखता है। घर शब्द हमें याद दिलाता है कि हम अपनी आत्माओं में क्या जानते हैं-वास्तव में महिमा का ऐसा रिश्ता है, ऐसा घर का सा जीवन, ऐसी सहमति; जिसमें हम शामिल किए गए हैं और हम इससे संबन्धित हैं, इसमें हमारे लिए स्थान है; और जब कि हम ने इसका अनुभव किया है, इसका स्वाद चखा है और महसूस किया है, लेकिन अभी तक हम इसमें बपतिस्मा नहीं ले पाए हैं।

अध्याय 3

घर का रास्ता

यीशु का वह कथन जो हमारे विचारों पर कब्जा करते आ रहा है, उस में हमारा सामना मानव अस्तित्व और जीवन के एक चौंकाने वाले और आश्चर्यजनक दर्शन से होता है। इस दर्शन का केंद्र परमेश्वर के अनंत पुत्र का देहधारण है। हमें देहधारण को केवल अस्थायी रूप में नहीं सोचना चाहिए, एक ऐसा रूप जिसे यीशु ने अतीत में कुछ समय के लिए ग्रहण किया था। उसकी मानवता कोई पोशाक नहीं है जिसे उसने कुछ समय के लिए पहना था और अब उतार कर एक स्वर्गीय अलमारी में रख दिया है। क्रिसमस का चमत्कार यह है कि परमेश्वर का पुत्र मानव *बन* गया। स्वर्गारोहण का चमत्कार यह है कि वह *अभी भी* मानव है। वह अब एक मनुष्य के रूप में, पिता के दाहिनी ओर बैठता है, अपने पिता को जानता है और आत्मा की संगति में उसके साथ सब कुछ साझा करता है।

लेकिन यह केवल दर्शन की शुरुआत है। यीशु आगे कहते हैं कि हम एक दूसरे में सम्मिलित हैं। यीशु वो प्रतिनिधिक मनुष्य है, *जिसमें हम* इकट्ठे किए गए, शुद्ध किए गए और जिसमें हमें पिता के साथ एक वास्तविक संबंध दिया गया। पुत्र का देह धारण और स्वर्गारोहण वह कार्य है जिसके द्वारा हमें क्रूस पर चढ़ाया गया, खतना किया गया और मेल-मिलाप किया गया, नए सिरे से जन्म दिया गया और पिता की ओर ऊंचा किया गया। यीशु मसीह पिता के साथ हमारा घर है।

लेकिन यहां भी दर्शन पूरा नहीं होता। क्योंकि हम न केवल यीशु के

उसके पिता के साथ रिश्ते में शामिल हैं, बल्कि वह रिश्ता - वह घर का सा जीवन - अब हमारे अंदर स्वयं को व्यक्त कर रहा है। यीशु—और उसके पिता के साथ उसका घर का सा जीवन— कहीं ऊपर अलौकिक दुनिया में नहीं है; वह हम में है। हम उसके पुत्रत्व में सहभागी हैं।

ऐसा नहीं है कि हम परमेश्वर की किसी अपिरिचित अनुग्रह के कारण मौजूद हैं और इसके अतिरिक्त हम पिता के साथ यीशु के जीवन में हिस्सा लेते हैं। यीशु त्रिएक परमेश्वर के जीवन और मानवता के बीच मध्यस्थ है। हम अस्तित्व में हैं, हमारे पास अस्तित्व और जीवन है, क्योंकि वह पिता में है, क्योंकि वह परमेश्वर के अस्तित्व और जीवन से जुड़ा है, और वह इस अस्तित्व और जीवन को हमारे साथ साझा कर रहा है। डेकार्ट की प्रसिद्ध कहावत, " मैं सोचता हुँ, इसलिए मैं हूं," गलत है। यह होना चाहिए, "यीशु मसीह पिता में है, इसलिए मैं हूं।"

लेकिन मसीह में हमारी सहभागिता केवल अस्तित्व की बात से बढ़कर है, मानो मसीह द्वारा हम अस्तित्व में आते हैं पर उसके बाद हमें अकेले छोड़ दिया जाता है उस अस्तित्व को रचने तथा उसे स्वरूप / चरित्र देने। हम अपनी सूझ बुझ द्वारा शासन करने वाले पशुओं से अधिक हैं। हम ऐसे व्यक्ति हैं जिनके पास उनके कार्य को करने में गरिमा और खुशी है, हमारे दिलों में आशा और शांति है, सुरक्षा की भावना है जो हमें भय की कठोरता से मुक्त करती है, और जीवन में आनंद देती है, हम ग्रह और उसके कल्याण की चिंता करते हैं। लेकिन इन चीजों की शुरुआत हमारे अच्छे दिलों में नहीं हुई है। इनकी शुरुआत सबसे पहले यीशु मसीह से हुई है, क्योंकि, एक, वह पिता की महिमा और गरिमा में, उनकी सुरक्षा, आश्वासन और आनंद में, और उनकी सृष्टि के लिए उनके आनंद और जुनून को साझा करता है; और दूसरा, क्योंकि यह यीशु मसीह न केवल अपने अस्तित्व को, वरन वह सब कुछ जो है और जो अपने पिता के साथ है, अपने आप को हमारे साथ बांट रहा है।

क्योंकि यीशु पिता को जानता है और पिता की पूर्ण स्वीकृति की स्वतंत्रता को जानता है, और क्योंकि वह अपने मन और अपने आप को हमारे साथ साझा करता है, हम दोष भावना और शर्म से पूरी तरह दुर्बल नहीं होते। मनुष्यों के बीच केवल वह ही एक शुद्ध विवेक रखता है, और वह अपने शुद्ध विवेक को हमारे साथ साझा करता है, और इसलिए हमें परमेश्वर से और एक दूसरे से भय में छिपने की जरूरत नहीं हैं, बल्कि हम संगति के लिए स्वतंत्र हैं - अपने आप को, दूसरों को और दुसरों के लिए देने की स्वतंत्रता हैं। क्योंकि वह पिता के आलिंगन की पूर्ण सुरक्षा को जानता है, और क्योंकि वह हमारे साथ अपना मन साझा करता है, हम आराम करने और विश्राम की स्वतंत्रता, शांत रहने और अपने चारों ओर की महिमा पर ध्यान करने की स्वतंत्रता, अच्छे कल की उम्मीद में सोने की स्वतंत्रता जानते हैं। हमारे अस्तित्व और जीवन का रहस्य यह है कि हम उसके देहधारी और स्वर्गरोहण पुत्रत्व में सहभागी हैं। वह मध्यस्थ है। हम उसके पिता के साथ उसके घर के जीवन का फल हैं।

फिर भी हम सब हमारे हृदयों में गंभीर रूप से यह सोचते है "हाँ, लेकीन .....।" हम सोचते हैं जी हां ये सच है, लेकिन ये सच नहीं है। ऐसे समय होते हैं जब यह दूसरे पलों की तुलना में अधिक सत्य प्रतीत होता है। कई बार, ऐसे - दिन, महीने और साल भी होते हैं - जब हम आराम या विश्राम नहीं कर पाते या कुछ देर बैठ नहीं पाते, जब हम स्वयं को सफलता के पीछे भागते हुए पातें हैं तो हम कभी भी उस महिमा को देखने के करीब नहीं आते हैं, उसका आनंद लेना तो दूर की बात है। ऐसे समय होते हैं जब हम बिल्कुल सो नहीं पाते हैं। ऐसे समय होते हैं जब हमारे कामों में कोई खुशी या गरिमा या अर्थ नहीं होता है, जब डर और चिंता हम पर हावी हो जाती है, जब हम खेलते हैं लेकिन बिल्कुल नहीं खेल रहे होते हैं, जब हम दूसरों के साथ मौजूद होते हैं लेकिन जानने या किसी के द्वारा हमें जाना जाये इसके लिए स्वतंत्र नहीं होते हैं। वास्तव में ढोंग और छल, छलावरण और आत्म-संरक्षण में बंधे होते है - यहाँ तक कि बदनामी, उत्पीड़न और क्रूरता में भी।

हमारे भीतर एक अजीब और भद्दा मिश्रण काम कर रहा है, भय और स्वतंत्रता, आनंद और उदासी, शांति और क्रोध का मिश्रण, आराम और झल्लाहट का मिश्रण, संगति और छिपने का, सेवा और आत्म-केंद्रितता का, प्रेम और घृणा का मिश्रण। हम घर पर होने और बेघर होने - दोनों को एक ही समय पर जानते हैं। हमारे जीवन के समीकरण में स्पष्ट रूप से यीशु मसीह और आत्मा में उसके पिता के साथ उसके घर के जीवन के अलावा एक और कारक है। कुछ ऐसा है जो हमारे भीतर मसीह के जीवन में बाधा डालता है और हमारा विकास होने से रोक देता है, यहाँ तक कि उसे बिगाड़ भी देता है।

यहाँ दो समस्याएं हैं । एक तरफ, हमारे अंदर मसीह के जीवन को दबाना हमारे अविश्वास का परिणाम है। दूसरी ओर, हमारे अविश्वास की समस्या धोखे का परिणाम है। हालांकि यह कहना निश्चित रूप से अतिसामान्य लगता है कि समस्या यह है कि हम इस सच्चाई पर विश्वास नहीं करते हैं कि हम मसीह में कौन हैं, परंतु यह कथन अधिक गहरा है। पहली बात, हम अपने आप को उन चीज़ों में व्यस्त करते हैं, जिन में हम विश्वास करते हैं, ऐसी चीज़ें जिन पर हम विश्वास करते हैं कि वे अंततः हमें जीवन, पूर्णता, परिपूर्णता प्रदान करेंगी। परन्तु, जैसा कि बाइबल कहती है, हम भ्रम में हैं। हमें दर्पण में धुंधला सा दिखाई देता है (1 कुरि 13:12)। हमारी दृष्टि अस्पष्ट है, धुंधली है। हमारी सोच और समझ तिरछी और अंधकारमय हो गई है।

हमारे भ्रम में, हम अपने आप को स्वेच्छा से और स्वतंत्र रूप से उन विचारों और कार्यों के लिए देते हैं जो हमारे भीतर चल रहे यीशु मसीह के पुत्रत्व के कार्य को दबाते हैं। हमारे अंधकार के समयों में, हम उन चीजों को गले लगाते हैं, यहां तक कि उनके पास दौड़ते हैं, जो उसके जीवन में हमारी भागीदारी और उसके पिता के साथ संगति को रोकते हैं। अपनी तिरछी सोच में, हम गलत बातों में विश्वास करते हैं, उनका पीछा करते हैं, स्वयं को उनके हवाले कर देते हैं, और मसीह में हमारा जीवन हम में उचित अभिव्यक्ति तक

नहीं पहुंच पाता। हम वास्तव में यीशु मसीह से मुँह मोडते हैं और खालीपन के पीछे चलते हैं, और हम खाली हो जाते हैं (यिर्म 2:4)। हमारे भ्रम में, हम अपने में रहने वाले जल के स्रोत को गलत समझते हैं और हम अपने लिए हौद बना लेते हैं, बल्कि ऐसे हौद जो टूट गए हैं जिनमें पानी नहीं ठहरता है (यिर्म 2:13), और हम सूखे हो जाते हैं।

यीशु कहते हैं कि यदि हम सत्य को जानेंगे तो वह हमें स्वतंत्र करता है (यूहन्ना 8:32)। इस कथन का उल्टा भी सत्य है—सत्य को न जानना हमें बांध देता है। सत्य को न जानना और अँधकार में रहना, हमारी अगुआई करता है, या सही शब्दों में कहा जाए तो, हमें गलत चीज़ में विश्वास करने के लिए *भटकाता* है और इस तरह हम अपने आप को उन चीज़ों के हवाले कर देता है जो यीशु मसीह के जीवन और महिमा को हम में पूरी तरह से फलने-फूलने से रोकते हैं।

यीशु मसीह ने हमें अपने पिता के साथ अपने संबंध और फलते-फूलते रिश्ते में शामिल किया है। उसने हमें शामिल किया है और हमें अपने अस्तित्व और घर के जीवन में भागीदार बनाया है। उसके बिना हमारा कोई वजूद नहीं है और हमारे पास कुछ भी अच्छा नहीं होगा, कोई बोझ या जुनून या रुचि नहीं, कोई रचनात्मकता या प्रतिभा नहीं, कोई आशा नहीं, कोई सुरक्षा नहीं, ना ही वास्तविक स्वतंत्रता, और आनंद और जीवन की कम से कम झलक भी नहीं। लेकिन हम उसके बिना नहीं हैं और इस प्रकार हम जो भी कदम उठाते हैं वह एक मसीही संबंधी कदम है, एक ऐसी संभावना जो इस तथ्य से बनाई गई है कि वह हमारे लिए मध्यस्थता करता है, हमारी आत्माओं को उसकी सुरक्षा और आशा में घोल देता है और हमारे साथ अपनी चिंताओं और प्रतिभाओं को साझा करता है। लेकिन हम यह अनुभव करने से बहुत दूर हैं, अगर हम अभी की स्थिती देखेंगे तो। हम स्वयं को यीशु मसीह में नहीं देखते हैं और हम नहीं जानते कि यीशु मसीह हम में है। और उन दुर्लभ मामलों में भी जब हम अपने अंदर मसीह के बारे में सोचते

हैं, यह एक अस्पष्ट और रहस्यमय धारणा होती है जिसे हम वास्तव में समझ नहीं सकते हैं, और जिस यीशु के विषय में हम सोचते हैं वह बहुत अरुचिकर और अयोग्य होता है, जिसकी छवि उस पिता के प्रिय पुत्र से बहुत अलग है जो मनुष्य के रूप में अपने पिता की संगति और पवित्र आत्मा में गरिमा और आनंद में रहता है। हम भ्रमित हैं, और हमारा भ्रम विनाशकारी है क्योंकि यह हमें अपने विषय में एक गलत दृष्टिकोण और जीवन के स्रोत और रहस्य के विषय में एक गलत दृष्टिकोण पर विश्वास करने और गले लगाने के लिए छोड़ देता है।

कुछ रात पहले मैं और मेरी दोनों बेटियाँ एक साथ पढ़ रहे थे। तीस टेडी बीयर थे, तीन व्यक्ति और एक किताब। "क्या यह पूरी दुनिया में सबसे बड़ी बात नहीं है?" मैंने उनसे पूछा था। "प्रभु हमसे इतना प्यार करता है कि वह हमें उस आनंद में हिस्सा देता है जो उसके पुत्र में है - वह इसे अपनी आत्मा के माध्यम से हम में डालता है और हम इसे एक साथ अनुभव करते हैं।"

बाद में मैंने यह सोचा कि हम इस विषय में कितने भ्रमित हो जाते हैं। हमें यह देखने में कितना समय लगेगा कि हमने जो कुछ भी साझा किया है, उसका पिता परमेश्वर से कोई लेना देना है - पिता, टेडी बियर और किताबों के साथ जो समय गुजारा, या एक साथ पढ़ने की घटना के साथ बहुत कम लेना-देना है? हमें यह समझने में कितना समय लगेगा कि उस समय जो हुआ वह हमारी रचना नहीं बल्कि आत्मा की घटना थी, हमारी भलाई का फल नहीं बल्कि यीशु मसीह की उपस्थिति और आत्म-दान का फल था?

हम उसमें हैं और वह हम में हैं। हम उसके पिता के साथ उसकी मानवता और घर के जीवन में भाग लेते हैं। लेकिन हम यीशु मसीह को अपने आपसे और उसके घर के जीवन को बाहरी रूप से भ्रमित करते हैं, जिसके द्वारा वह हमारे जीवन में स्वयं को अभिव्यक्त करता है। हम यीशु मसीह की उपस्थिति के विषय में नहीं जानते हैं। हम नहीं समझते हैं कि यह

उसके घर के जीवन और उसके पिता के साथ सहभागिता, उसकी सुरक्षा और आनंद है, जो हमारे भीतर आत्मा में काम कर रहा है। इस महान तथ्य से भ्रमित होकर हम मान लेते हैं कि जीवन कहीं और से आता है। शायद यह हमारे द्वारा आया है। शायद हमने इसे बनाया है। शायद रहस्य इसके बाहरी स्वरुप में प्रकट होने में मौजूद है, यानी टेडी बियर, किताबें और एक साथ पढ़ने में। इस प्रकार, हमारे पास जो कुछ भी है, हम अपने तरीकों को फिर से ठीक करने की पूरी कोशिश करते हैं। इसलिए हम बाहरी रूप के यांत्रिक मनोरंजन में अपने आप को और अपने समय और ऊर्जा को डालते हैं। हमारे भ्रम में हम उन चीजों का पीछा करते हैं जिनमें कोई वास्तविक सार नहीं है, और हम में यीशु मसीह का अच्छा और महिमामय जीवन विकास नहीं कर पाता है।

क्या यह हमारे जीवन की कहानी नहीं है - अपने लिए घर खोजने, इसे निर्माण करने, इसे बनाने, इसे अपने संसाधनों से तैयार करने के लिए एक के बाद एक भ्रमित प्रयास? हम इसे शादी में, दोस्ती में, अपने बच्चों में, अपने पालतू जानवरों में, अपने व्यवसाय या काम में, अपने तड़क भड़क और महिमा में, अपनी भावनाओं और एहसासों में, कामुकता और यौन क्रिया में, अपने अच्छे कामों और क्लबों में खोजने की कोशिश करते हैं। हमारे गहन शिक्षाविदों, शिक्षण में, हमारे खेल और मनोरंजन में, हमारी भौतिक संपत्ति में, हमारी राजनीति और सत्ता में, कलीसिया या बाइबिल में या हमारे धार्मिक कार्यों में, हमारे भजनों और भाग्यशाली पत्थरों में। लेकिन अपने पिता के साथ यीशु मसीह का गृहस्थ जीवन इनमें से किसी में नहीं है।

घर का अनुभव इनमें से किसी भी चीज पर विश्वास करने से नहीं आता है, और ना ही उन्हें लक्ष्य के रूप में अपनाने या उस में अपने आप को समाप्त करने से होता है। यह सच है, आश्चर्यजनक रूप से सच है, कि त्रिएक परमेश्वर के घर के जीवन में हमारी भागीदारी अपने आप को व्यक्त करती है और सहभागिता, विवाह, मित्रता, सेवा, कार्य, अध्ययन और खेल

का रूप लेती है। ऐसा ही होना चाहिए। हमें यीशु की स्वतंत्रता और आनंद में मछली पकड़ना, गोल्फ खेलना और बगीचा बनाना है। हमें मित्रों और परिवार के साथ यीशु मसीह की संगति में भाग लेना चाहिए। हमें यीशु मसीह की सुरक्षा, आशा और शांति में अपने साथ, दूसरों के साथ और सृष्टि के साथ रहना चाहिए। हमें उसकी गरिमा और अर्थ में भागीदार के रूप में काम करना चाहिए। लेकिन अपने आप में ये चीजें - रिश्ते, काम और खेल - शक्तिहीन हैं। वे खाली हैं। उनके पास मानो, वह संगीत-समारोह नहीं है और वे वास्तविक संगीत भी नहीं बजा सकती। अपने आप में उनके पास हमें देने के लिए कुछ नहीं है।

घर केवल एक ही जगह मौजूद है—आत्मा में अपने पिता के साथ यीशु के संबंध में। और वह हमारे साथ अपना जीवन बांटता है, लेकिन हम स्रोत को देखने के बजाय उनके कामो को देखते रहते हैं; आत्मा में पिता और पुत्र की संगति को उन रूपों के साथ भ्रमित करते है जो हमारे जीवन में यह संगती लाती है; और स्थानों, लोगों और चीजों को घर के साथ भ्रमित करते हैं। हम इतने भ्रमित हो जाते हैं कि हम उनमें से प्रत्येक की छोटी-छोटी मूर्तियाँ बना लेते हैं। हम उन्हें ढूंढते हैं, उन पर विश्वास करते हैं, उनका सम्मान करते हैं और यह मानकर स्वयं को उन्हें दे देते हैं कि वे हमारे लिए घर बन सकते हैं। हम गोल्फ खेलने वाले और काम करने वाले व्यसनी, धार्मिक लत वाले, धन, सेक्स और शक्ति के गुलाम बन जाते हैं। हम व्यवस्था (सिस्टम) सिद्धांतों के सामने स्वयं को झुका देते हैं। क्यों? क्योंकि हम अपने सच्चे जीवन के स्रोत और रहस्य के विषय में भ्रमित हैं और हम मानते हैं कि इनमें से कोई एक चीज हमें सच्चा जीवन देगी। इन मूर्तियों का खालीपन एक विशाल काली कोठरी की तरह है जो मसीह के जीवन को हमसे छीन लेता है। और हम खुद काली कोठरी बन जाते हैं। घर का अनुभव करने की हमारी बेताबी के कारण, हम एक-दूसरे की ओर मुड़ते हैं और एक-दूसरे से घर की वास्तविकता की मांग करते हैं, जो हममें से किसी के पास नहीं है। हम सब एक दूसरे को नष्ट कर देते हैं और उस जीवन की मांग करते हैं जो

हमारे पास देने के लिए नहीं है।

फिल्म *चैरिअट्स ऑफ फायर* को रिलीज हुए कई साल हो चुके हैं। लेकिन इसमें कुछ अविस्मरणीय दृश्य हैं। इन में से एक दृश्य 1924 के ओलिंपिक खेलों में हेरोल्ड अब्राहम के 100 गज की दौड़ जीतने के ठीक बाद हुआ। हेरोल्ड ने बहुत मेहनत की थी और ऐसी बाधाओं के खिलाफ काम किया था। उन्होंने बहुत प्रवीण लोगों के खिलाफ दौड़ लगाई थी। और वे जीत गये थे। वे जीत गये थे! लेकिन वे अपने प्रशिक्षक के साथ नशे में धुत डूब गए। इस जीत में हेरोल्ड को सच्ची ख़ुशी दे सके ऐसी सामर्थ्य न थी, कोई वास्तविक महिमा नहीं थी। उन्होंने अपनी पूरी ताकत से उसका पीछा किया था, उसे पकड़ लिया था और अब उस पर अधिकार कर लिया था। उन्होंने मेडल अपने हाथों में लिया। वे पृथ्वी पर सबसे तेज़ दौड़ने वाले लोगों में से थे। लेकिन यह केवल महिमा का फीका रूप था, और इसकी शून्यता का दर्द असहनीय था, इस दर्द को सुन्न करना जरूरी था।

अब्राहम कितने भिन्न थे, स्कॉट्समैन की उपाधि दी गए एरिक लिडेल से। एडिनबरा में पहाड़ के नीचे के उस दृश्य को कौन भूल सकता है जब लिडेल ने अपनी बहन से बात की थी? उन्होंने कहा, "परमेश्वर ने मुझे तेज दौड़ने वाला बनाया है, और जब मैं दौड़ता हूं तो मुझे *परमेश्वर के आनंद* का अनुभव होता है।" दौड़ना, जीतना, ओलिंपिक चैंपियन होना लिडेल के लिए पिता की यीशु में जो ख़ुशी है उसमे भागीदार होना था। दौड़ना आत्मा की मौजूदगी का बाहरी रूप था, पिता की खुशी का संगीत समारोह।वह कितने अनोखे रूप से स्वतंत्र था कि वह दौडना छोड, किसी और दूसरे रूप में भागीदारी में शामिल हो सकता था। लेकिन लिडेल के लिए, यह सब एक बड़े चित्र का एक टुकड़ा था। यह उसके पुत्र में पिता की खुशी में भागीदारी थी, चाहे वह ओलंपिक स्वर्ण के लिए दौड़ में हो, फावडे से मिट्टी की खोदाई का काम हो या मिशन क्षेत्र में उत्पीड़न झेलना हो।

हम में से अधिकांश एरिक लिडेल की तरह नहीं हैं। हम हेरोल्ड

अब्राहम की तरह हैं। हम मानते हैं कि वास्तव में जो हम चाहते है उसे देने की सामर्थ्य चीजों में है और हम उनका पीछा करने के लिए स्वयं को समर्पित करते हैं। हम उनकी खोज में कितने दयनीय रूप से उथले और फीके हो जाते हैं। हम कितने क्रोधित और निराश, उदास और कटु हो जाते हैं जब आशाजनक बातो को हमारी पहुंच से बाहर और हमारे अधिकार से बाहर पाते हैं। हम निराशा और दोषदर्शिता के किनारे पर बहुत करीब हो जाते हैं, जब हम किसी एक रूप को पकड़ लेते हैं और फिर यह देखने लगते हैं कि उसमें कुछ भी नहीं है। जिस चीज में हमने इतनी आशा और समय और ऊर्जा लगाई है, उस में यह कमजोरी देखना कितना दुखद और भयानक होता है।

यीशु मसीह के प्रति भ्रम और अविश्वास हमें गलत चीजों पर विश्वास करने के लिए अगुवाई करते हैं, और जब हम उनके पीछे जाने के लिए स्वयं को दे देते हैं, तो वे हम में यीशु मसीह के अच्छे जीवन का विकास रोक देते हैं और हम दम तोड़ देते हैं। लेकिन हमारे भ्रम के समीकरण में एक और कारक है जिसे अब हमारी चर्चा में लाने की आवश्यकता है। हमारे भ्रम और अंधकार का मूल / आरंभ हममें नहीं है। हमारी सारी उलझनों के पीछे 'डायबोलोस' है—शत्रु, शैतान, दुष्ट। वह गलतियों की आत्मा है जैसा कि पवित्रशास्त्र गवाही देता है—भ्रम का लेखक, झूठ का पिता, आरोप लगाने वाला, शत्रु, वह जो त्रिएक परमेश्वर के जीवन में हमारी भागीदारी का विरोध करता है। अंधकार और भ्रम और मूर्तिपूजा और शून्यता हमारे साथ नहीं, बल्कि उसके साथ उत्पन्न होती है।

वह दुष्ट सृष्टिकर्ता नहीं है। वह चीजों को अस्तित्व में नहीं बोल सकता जैसा कि त्रिएक परमेश्वर ने किया था। उसके पास उस तरह की सामर्थ्य नहीं है। वह एक वैकल्पिक ब्रह्मांड, राज्य या मानवता नहीं बना सकता। इस लिए दो रचनाएँ, या दो मनुष्य जाति साथ साथ विद्यमान नहीं हैं - एक त्रिएक परमेश्वर की रचना और दूसरी शैतान की रचना। केवल एक ही रचना है और वह त्रिएक परमेश्वर की है। केवल एक ही मानवता है, जिसे यीशु मसीह

में बनाया और छुड़ाया गया है, जिसे उसके देहधारी और उठाए जाने वाले जीवन में भाग लेने और आत्मा में अपने पिता के साथ संगति का उपहार दिया गया है।

तथ्य यह है कि दुष्ट के पास रचनात्मक सामर्थ्य नहीं है, इसका यह अर्थ है कि उसके पास अपने सपने - एक प्रतिद्वंद्वी राज्य की उसकी योजना - को पूरा करने का एकमात्र तरीका है, वह है त्रिएक परमेश्वर की रचना का अपने स्वयं के अंत तक शोषण करना। उसके पास न तो अपनी दुनिया बनाने की सामर्थ्य है और न ही उसे बनाए रखने की। इस लिए वह परजीवी रूप से कार्य करता है: वह अपने स्वयं के उद्देश्य के लिए त्रिएक परमेश्वर के निर्माण का उपयोग और दुरुपयोग करता है। वह हम में यीशु मसीह के जीवन का दुरूपयोग करता है।

उसका प्रमुख, और शायद केवल एकमात्र, हथियार भ्रम है। वह हमें यीशु मसीह में हमारी वास्तविकता के विषय में भ्रमित करता है, यीशु और हमारे विषय में झूठ और गलत सूचना फैलाता है, ताकि हम इस सच्चाई को न जान सकें कि हम कौन हैं - प्रिय, स्वीकार किए गए, मेल कराए गए, सही ठहराए गए, गले लगाए गए और यीशु मसीह में सर्वशक्तिमान पिता परमेश्वर द्वारा अपनाये गये, त्रिएक जीवन के चक्र में शामिल। और हम यीशु मसीह में कौन हैं, इस विषय में भ्रम का अर्थ है कि हम मानते हैं कि हम प्रिय नहीं हैं, स्वीकार नहीं किए गए, हमारा मेल नहीं कराया गया, सही नहीं ठहराए गए, गले नहीं लगाए गए, अपनाए नहीं गए। भ्रम का अर्थ केवल यह है कि हम मानते हैं कि हम जीवन के उस चक्र में शामिल नहीं हैं जिसे यीशु ने अपने पिता के साथ आत्मा में हमारे साथ साझा किया है, कि हम खो गए हैं, खाली हैं, अकेले हैं। और हमारे लिए इस स्थिति में स्थिर बैठना असंभव है। वास्तव में, हम में से एक भी स्थिर नहीं बैठा है। हम उस चीज़ की तीव्र खोज में हैं जो हमें विश्वास है कि हमें प्रिय, पाया गया, स्वीकार किया गया, पूर्ण, घर पर लाया गया ऐसा महसूस कराएगा। या हम इस नतीजे पर पहुंच गए हैं कि यह सब असंभव है और हम क्रोधित, कुंठित, उदास और निराशावादी निंदक

बन गए हैं।

यीशु मसीह के साथ उसके पिता के साथ उसके जीवन में संयुक्त उत्तराधिकारी के रूप में हमारी वास्तविक पहचान के विषय में अंधकार, हमें धोखा देने वाले के हर चकाचौंध भरे सुझाव के प्रति अथक रूप से कमजोर बना देता है। "जो आप ढूंढ रहे हैं वह यहाँ है। इस व्यक्ति में, इस नौकरी में, इस उपलब्धि में, इस धन में, इस कलीसिया में, इस धर्म में, इस क्लब में, इस साहसिक कार्य में, इस यात्रा में, इस घर में, इस रिश्ते में।" और हम व्यक्तिगत रूप से और सामूहिक रूप से बंधन में चले जाते हैं, अपनी गुप्त मूर्तियों की खोज में, उन चीज़ों के पीछे जिन्हें हम मानते हैं, हमें पहचान, अर्थ और जीवन प्रदान करेंगी। हम उन्हें गले लगाने के लिए दौड़ते हैं और वे खाली हैं, और जब हमें संदेह होने लगता है कि वे खाली हैं, तब भी हम उठकर उन्हें फिर से गले लगाते हैं। क्योंकि और ऐसा कुछ नहीं है, या ऐसा हमें लगता है।

हम में यीशु मसीह का अच्छा और महिमामय जीवन, उसकी शांति और आनंद, उसकी समृद्ध स्वतंत्रता, इस तरह घुट जाती है। लेकिन इससे भी बढ़कर, हमारे अंदर उसके अच्छे और महिमामय जीवन का दुरुपयोग, परजीवी रूप से शोषण, बवाल पैदा करने के लिए किया जाता है – जो क्रोध, गुस्सा, द्वेष, लालच, वासना, बदनामी, ईर्ष्या, घृणा, चिंता के रूप में आता है।

दुष्ट की युक्ति बहुत सरल है: मनुष्य को यीशु मसीह के सत्य के प्रति अंधा कर देना, उनकी समझ को अंधकारमय करना और उनकी वास्तविक पहचान की आत्मिक धारणा को भ्रमित करना। "क्योंकि यदि वे मसीह में अपनी असली पहचान नहीं जानते हैं, तो वे कहीं और खोजने के लिए प्रेरित होंगे। एक बार जब वे मसीह में अपने अस्तित्व के स्रोत और रहस्य को गलत समझ लेते हैं, तो वे स्वतः ही सोचते हैं कि वे कहीं और से आए हैं— कि वह घर का जीवन लोगों, स्थिति, चीजों, घटनाओं में है। फिर हम इन्हें हासिल करते हैं। और वे हमारे द्वारा उनके सामने रखे गए हर वादे का पालन करेंगे।

और वे बिलकुल खाली, दयनीय, टूटे, तहस नहस हो जाएँगे।"

जैसे बाइबल ज़ोर देती है- हमारे प्रश्नो का उत्तर, घर का रास्ता, यीशु मसीह में *विश्वास* है। धक्का देने के लिए कोई गुप्त बटन नहीं हैं, लेने के लिए कोई जादुई अमृत नहीं है, कोई विशेष औषधि उपाय नहीं है, पढ़ने के लिए या संभालने के लिए कोई मंत्र नहीं है। हमारे जीवन में लागू करने के लिए कोई विसंकेतक अंगूठी या गूढ़ धार्मिक वर्ग नहीं हैं और न ही कोई यांत्रिक सिद्धांत हैं। यह कलीसिया की सदस्यता, जल बपतिस्मा या धार्मिक होने का मामला नहीं है। इसका उत्तर है विश्वास- और विश्वास का अर्थ है स्पष्ट रूप से देखना, मसीह में वास्तविकता को खोजना और जानना, उसे गले लगाना, उसे स्वीकार करना, उससे प्रेम करना-यीशु मसीह को गंभीर और सच्चे और निरंतर "*आमीन!*" के साथ जवाब देना।

यीशु मसीह में विश्वास का अर्थ इस तथ्य में विश्वास है कि वह पिता में है, कि उसका सर्वशक्तिमान पिता परमेश्वर के साथ एक वास्तविक और सही संबंध है। इसका अर्थ इस बात में विश्वास है कि उन्होंने मुझे इस रिश्ते में शामिल किया है। और इसका अर्थ इस विषय में विश्वास है कि मैं उसके जीवन में भागीदार हूं, कि वह मेरा परमेश्वर, उद्धारकर्ता, उद्धार, मेरा जीवन, मेरा घर है। और इस यीशु में विश्वास - प्रतीकों के धार्मिक यीशु या आधुनिक कलीसिया के अशक्त यीशु नहीं, बल्कि यीशु जिसमें हमारा पिता के साथ वास्तविक संबंध है - इस यीशु में विश्वास जीवन के लिए स्वतंत्रता पैदा करता है। इस यीशु में विश्वास करने का अर्थ है कि हम अब अपने आप को खोए हुए नहीं, बल्कि पाए हुए के रूप में देखते हैं; कि हम अब अपने आप को अलग-थलग या खाली नहीं मानते, बल्कि मेल-मिलाप किये हुए और भरे हुए मानते हैं। और यह विश्वास निराशा या क्रोध नहीं, वासना या लालच या आवश्यकता नहीं, बल्कि शांति, आत्मविश्वास, सुरक्षा और आनंद पैदा करता है।

इस यीशु में विश्वास करने का अर्थ है कि हम मान लेते हैं कि स्वयं

पिता ने हमें जाना है, स्वीकारा है, और पोषित किया है। और जब हम ऐसी अलौकिक स्वीकृति का सामना करते हैं तो हमको और हमारे अंदर क्या होता है? जब हम यह मान लेते हैं कि हम पिता के साथ घर पर हैं तो हमारे अंदर क्या होता है? क्या हम बंधन में डूब जाते हैं? क्या हम भय और चिंता से अभिभूत हो जाते हैं? क्या हम धार्मिक एंड्रॉइड में बदल जाते हैं? क्या हम वर्कहॉलिक (व्यक्ति जिसे सदा काम करने की आदत हो), भौतिकवादी, यौन व्यसनी, हत्यारे, चुगली करने वाले बन जाते हैं? क्या हम भीड़ के गुलाम बन जाते हैं? नहीं। हम स्वयं को मुक्त पाते हैं, उन्हीं चीजों से मुक्त होते हैं जिन्होंने हमें दास बनाया था। हम काम के अत्याचार और लालच और वासना, साथियों की स्वीकृति की आवश्यकता से एक नई स्वतंत्रता पाते हैं। हम अपने आप को शांति और राज्य में गोल्फ खेलते हुए पाते हैं, खुशी और आशा से भरे हुए, अपनी बेटियों की आत्माओं को देखने और उनके साथ जीवन साझा करने के लिए स्वतंत्र, आराम करने के लिए स्वतंत्र, प्यार करने के लिए स्वतंत्र, हम जो हैं वह होने के लिए स्वतंत्र पाते हैं। हम स्वयं को फलते-फूलते हुए पाते हैं।

हमारे लिए समस्या यह है कि हमें धोखा (झुठ बोला गया है) दिया गया है, और हम धोखे (झुठ)पर विश्वास करते हैं। हम मानते हैं कि हम बेघर हैं, और इसलिए हम घर खोजने के लिए प्रेरित है। हम गलत चीज़ों को अपनाना जारी रखते हैं, और इस तरह यीशु मसीह में हमारे जीवन को दबा देते हैं। हमारी सोच और समझ में अमूल परिवर्तन होना आवश्यक है। हमारे अंधकार से भरे विश्वास को प्रबुद्ध होना ज़रूरी है। हमें खुद पर, अन्य व्यक्तियों, चीजों और विचारों पर रखे गए अपने विश्वास से मुक्त होना चाहिए।

यदि यह कहानी का अंत होता, तो यह एक दुखद स्थिति होती, क्योंकि हमें उस व्यक्ति के धोखे से बचने के लिए अकेला छोड़ दिया जाता जो हमसे कहीं अधिक शक्तिशाली है। लेकिन अच्छी तरह से चिह्नित करें कि ऐसा

कभी नहीं हो सकता। यह संसार पवित्र त्रिएक परमेश्वर (का अपना) है, जो सृजा गया, मेल-मिलाप किया गया और जिसे परमेश्वर के त्रिएक जीवन में भागीदारी का अनोखा उपहार दिया गया है। यह परमेश्वर, निरंतर और जोश से कार्य कर रहा है और सृष्टि के हर हिस्से में काम कर रहा है, धोखा देने वाले के विरुद्ध युद्ध कर रहा है, धीरज से हमारी आत्माओं को शिक्षित कर रहा है, हमारे झूठे विश्वासों और हमारे दमन से पर्दा हटा रहा है और मूर्ति सेवा को नीरस कर रहा है, ताकि हम सत्य को जान सकें, कि यीशु मसीह का जीवन हम में बिना किसी दबाव परिपूर्ण हो सके।

यीशु मसीह न केवल अस्तित्व और जीवन का मध्यस्थ है; वही सच्चा गवाह, महान भविष्यवक्ता और सुसमाचार प्रचारक, अच्छा चरवाहा है। वह हमारे झूठे विश्वास, हमारी मूर्तिपूजा और शून्यता के बंधन को देखता है। वह हमारे भ्रम और अपने महिमामय जीवन के परजीवी और नृशंस शोषण को हम में देखता है। वह जानता है कि हम अपनी मूर्तियों को त्यागने के लिए स्वतंत्र नहीं हैं जब तक कि हम इस सच्चाई को न देख लें कि वह हमारा घर है। वह जानता है कि हम स्वयं को प्रबुद्ध करने के लिए शक्तिहीन हैं। यह उसकी लड़ाई है। और वह कोई अनिच्छुक योद्धा नहीं है। न ही वह युद्ध करने के लिए अनुपयुक्त है। वह हमें आत्मिक ज्ञान की जीवन भर की प्रक्रिया में पवित्र आत्मा में कार्यरत रखता है।

यह अब हमारे जीवन की वास्तविक कहानी है। एक तरफ हम अपने जीवन में अपने लिए घर बनाने के लिए एक के बाद एक भ्रमित प्रयासों को देख सकते हैं। लेकिन दूसरी तरफ, हमारा जीवन अब वह प्रक्रिया है जिसके द्वारा यीशु मसीह हमारे अंधकार भरे इस जीवन में हमारे साथ प्रयास करते हैं, हमारी धारणा को उजागर करते हैं, ताकि हम देख सकें कि वह हमारा घर है। इतिहास, व्यक्तिगत और सामूहिक दोनों, आत्मिक शिक्षा के विषय में है। यीशु मसीह हमें आत्मा में शिक्षा दे रहे हैं। वह हमें इस ज्ञान में ले आ रहा है कि वह हमारा सच्चा घर है, ताकि हम देख सकें कि वह वही है जो

हम वास्तव में चाहते हैं, ताकि हम स्वतंत्र रूप से और अपनी इच्छा से हर चमकते हुए ढोंग को त्याग सकें और उसे यानि यीशु को अपने पूरे दिल से गले लगा सकें।

यदि आपने कभी कोई कविता या निबंध या एक लंबा पत्र लिखा है, तो आपके पास यीशु मसीह में ज्योतिमान होने या प्रबोधन होने की प्रक्रिया को समझने के लिए एक तैयार उदाहरण है। एक कवियत्री अपनी मेज पर बैठती है और एक अंतर्दृष्टि को स्पष्ट करने के लिए लड़ती है। समय-समय पर वह टाइपराइटर के कागज पर कुछ लिखती है, फिर टाइपराइटर से वह पन्ना निकालकर उसे पढती है, फिर अपनी कविता के अभिव्यक्ति से असंतुष्ट, वह कागज फैंक देती है। बार-बार ऐसा तब तक होता है जब तक कि अभिव्यक्ति सही न हो। लेकिन क्यों?या, शायद अधिक सटीक रूप से, यह प्रक्रिया कैसे हो सकती है? उसे किसने बताया कि उसने बनाये हुए वाक्यांश कुछ सही नहीं लग रहे? उसे फिर से शुरू करने के लिए किसने कहा? वह कैसे जानती है कि उसने अभी जो लिखा है वह वास्तव में उसके कहने का तरीका नहीं है? वह कैसे जानती है कि यह कब सही है?

यहाँ पर एक गहरा ज्ञान काम कर रहा है, एक आत्मिक ज्ञान जो स्वयं कविता से कहीं अधिक वास्तविक है। यह गहरा, आत्मिक ज्ञान हमारे मन को कार्यरत करता है, इसके सामने एक दर्शन स्थापित करता है जिसे स्पष्ट करने की आवश्यकता होती है। यह मन का मार्गदर्शन करता है और रास्ता दिखाता है, प्रत्येक विचार और वाक्यांश के मोड़ की जांच और मूल्यांकन करता है। और यह आनंदित होता है जब मन ज्योति को समझने और देखने लगता है। यह वाक्यांश के रूप की सराहना करता है और सम्मान करता है जो इसे मौखिक रूप में लाता है।

अब, काव्य प्रक्रिया की इस छवि को लें और इसे अपने जीवन के संदर्भ में सोचें, इसे अस्सी वर्ष या ज्यादा तक फैलाएं और यह आपको समझ आयेगा। यीशु मसीह हम में से प्रत्येक के भीतर काम करने वाला गहरा ज्ञान है। आत्मा की गुप्तता और अदृश्यता में वह हमारे सामने घर का एक दर्शन

रखता है। वह हमें एक झलक देता है कि हम वास्तव में कौन हैं। और फिर क्या होता है?क्या हम दूर चले जाते हैं और अपने ही जीवन में व्यस्त हो जाते हैं? नहीं, असांत्वनीय सपने का जन्म होता है। हम अपने बाकी के जीवन में घर से बाहर रहते हुए परेशान होते हैं, और अपने सच्चे घर की उन्मत्त खोज में एक चीज़ से दूसरी चीज़ की ओर बढ़ते रहते हैं। जैसा कि ऑगस्टीन ने बहुत पहले कहा था: "तूने हमें अपने लिए बनाया है और हमारे दिल तब तक बेचैन रहते हैं जब तक वे तुझ में आराम नहीं करते।"[3]

हम में से प्रत्येक के जीवन में यही हो रहा है। हमारे पास यीशु मसीह में एक घर है। हम उसके जीवन और महिमा में भागीदार हैं। लेकिन हम काफी भ्रमित हैं और अनजाने में अपने जीवन के खिलाफ काम करते हैं। लेकिन यीशु मसीह परमेश्वर का वचन है। वह लगातार और अनिवार्य रूप से हमें सच्चाई में संबोधित करता है।

यीशु में हमारे घर का प्रकाशन हमारी परीक्षा लेता है और हमारा न्याय करता है। यह हमारे पहलुओं में प्रवेश करता है और उन बातों पर से पर्दा हटाता है जिन्हें हम बडी बेताबी से " महिमा " का दर्जा देने की कोशिश करते है, और उन बातों को भी जिन्हें हम " अच्छा जीवन " का दर्जा देने की कोशिश करते है जो दरसल खाली और उबाऊ है- जो असली महिमा और अच्छाई की सिर्फ एक परछाई है। यह हमें बताता है कि और भी बहुत कुछ है, कि हम बहुत कुछ हैं।

हमारे पास यीशु मसीह में एक घर है इस तथ्य का प्रकाशन हमें हमारे वर्तमान स्थिती के प्रति ऐसे भयंकर असंतुष्टी से भर देता है, हम केवल यूँही जिन्दा है इससे हम ऊब जाते है, और हमें पूर्णता के लिए एक शांत लेकिन अथक खोज में लगा देता है। आप क्षण भर की मानव प्रशंसा से कैसे संतुष्ट हो सकते हैं जब आपने परमेश्वर पिता द्वारा आपके गोद लेने की खबर सुनी है? आप नहीं हो सकते। आप नहीं हो।

---

3 *सेट ऑगस्टीन के कन्फेशन्स* एफ.जे. शीड व्दारा भाषांतरीत किए गए (लंडन : शीड तथा वार्ड नौवा प्रकाशन, 1978) किताब I.i. 38

हम अपने जीवन में जो बेचैनी, अशांति, परीक्षा की भावना को महसूस करते हैं, वह क्या है? गोल्फ खेलना अचानक अरुचिकर क्यों हो गया है? धन के लिए काम करना व्यर्थ क्यों हो गया है, क्यों शादी, कड़ी मेहनत से हासिल की गई डिग्री, खोया हुआ वजन, छुट्टी, कलीसिया ने वास्तव में हमारे लिए वह नहीं किया जिसकी हमें उम्मीद थी? ऐसा क्यों है कि यौन संबंध अब हमें असंतुष्ट कर रहा है? महज विनम्र बातचीत का खालीपन इतना स्पष्ट क्यों हो गया है? यह इसलिए है क्योंकि यीशु मसीह, परमेश्वर के वचन ने आपको संबोधित किया है और आपने सर्वशक्तिमान परमेश्वर पिता के साथ अपनी महिमा और प्रतिष्ठा और संगति का स्वाद चखा है। अब आप घर के विषय में जान चुके हो।

यीशु मसीह अपनी उंगली केवल हमें उन चीजों से मुक्त करने के लिए इंगित करता है जो हम में घर के जीवन को दबा रही हैं। उसका उद्देश्य गोल्फ, या विवाह, अध्ययन, स्वास्थ्य, आराम या उत्साह को हमसे दूर करना नहीं है। उसका उद्देश्य उन्हें हमें पूर्ण रूप से देना है। लेकिन हम भ्रमित हैं, और इसलिए उसकी जांच इस तरह से तैयार की गई है कि वह हमें प्रकाशित करने, भ्रम से बाहर निकालने के लिए, हमें खुद पर तथा वस्तुओ में हमारा जो विश्वास है उसमे से *विश्वास से निकालकर मसीह में विश्वास* में ले जाने के लिए अगुवाई कर सके ताकि उसके जीवन और जानने में हमारी भागीदारी बिना रुकावट हो सके। संकट के इन क्षणों को हमें *अविश्वासी* बनाने के लिए तैयार किया गया है, हमें यह देखने में मदद करने के लिए कि हम जिस चीज़ का पीछा कर रहे हैं उसमें कुछ भी नहीं है - कि यह एक खाली कुआँ है और इसमें जीवित पानी नहीं है - ताकि हम विश्वास करना और उन चीजों पर आशा करना बंद कर सकें, अपने आप को इनके हवाले करना छोड दे, इसके खालीपन को पीना बंद करें। वे हमें यह समझने में मदद करने के लिए तैयार किए गए हैं कि यीशु मसीह हम में जीवित जल है, कि हम उस पर *विश्वास* कर सकें और इस प्रकार अनियंत्रित नदी का अनुभव कर सकें। वह

मूर्तिपूजा से पीछे हटने की बुलाहट हैं ताकि हम सच्चे परमेश्वर का पूरा ज्ञान और जीवन प्राप्त कर सकें – जो आत्मा में पिता और पुत्र की संगती में जिन्दा है। ये आत्मिक संकट घर का रास्ता हैं, उचित विश्वास में बुनियादी प्रशिक्षण।

यीशु मसीह हमारा धीरजवंत और दृढ़ निश्चयी प्रभु और उद्धारकर्ता है। वह हमारा सच्चा घर है जो हमें बेघर होने के भ्रम में फड़फड़ाने की अनुमति देने से इन्कार करता है। कुछ संकटों और हमारे गलत फैसलों के बाद भी, वह हम से दूर नहीं जाता। वह फिर आता है। वह आत्मा में हम पर सच्चाई को प्रकट करना जारी रखता है। और हर बार प्रकाशन, एक सर्जन (शल्य चिकित्सक) के चाकू की तरह काटता है क्योंकि यह बहुत ही व्यक्तिगत है। यह हमारी वास्तविक महिमा, हमारे वास्तविक आनंद, हमारे वास्तविक घर को प्रकट करता है, और इस प्रकार यह हमारे अंधेपन और अज्ञानता, हमारे वर्तमान निवेशों की गलतीयाँ, हमारे वर्तमान विश्वास के झूठ, हमारी आशाओं की स्वच्छंदता को स्पष्ट रूप से प्रकट करता है। हर बार हमें चेतावनी दी जाती है, गंभीरता से चेतावनी दी जाती है। हर बार हमें यीशु में सच्चाई को अपनाने के लिए अपने भ्रम से दूर होने के लिए बुलाया जाता है - यह स्वीकार करने के लिए कि वह कौन है और हम उसमें कौन हैं, इसे प्राप्त करने के लिए, इसे " *आमीन* " कहने के लिए।

यीशु मसीह ही केवल पिता को जानता है। पिता के आलिंगन की शान्ति और महिमा वही जानता है। वह अकेला ही सर्वशक्तिमान पिता परमेश्वर से संबंधित होने के फलते-फूलते आनंद को जानता है। वह अकेला *घर* के विषय में जानता है। अब हमारे भीतर जो हो रहा है वह चौंकाने वाला और अद्भुत तथ्य यह है कि उसने हमें अपने घर में अपने पिता के साथ आत्मा में शामिल किया है, हमारा ध्यान आकर्षित कर रहा है, हमें व्यक्तिगत रूप से शामिल कर रहा है, हमें गंभीर और डरपोक भ्रम से मुक्त करने के लिए हमारे भीतर काम कर रहा है ताकि हम अपने समावेश का पूरा अनुभव कर सके। हम एक आत्मिक स्कूल में हैं। हम यीशु मसीह में वास्तविकता के संरक्षण में हैं। हमें शिक्षित किया जा रहा है, बुराई से छुटकारा दिलाया

जा रहा है।

यीशु मसीह हर दिन यह सुनिश्चित करता है कि हम जाने कि हम शामिल हैं। वह हर दिन यह सुनिश्चित करता है कि हम जान लें कि उसमें हमारा घर है। वह हमसे मिलता है। वह अपने आप को - अपना ज्ञान, अपना आनंद, अपनी शांति और संगति - हमें देता है। हम उसे जानते हैं, और असांत्वनीय सपने का जन्म होता है। हमारी खोज जारी है। हर भ्रम, हर गलत मोड़, हर संदेह धैर्यपूर्वक और विश्वासपूर्वक खुद प्रकट करते है कि वे क्या हैं और क्या नहीं हैं। वह हमें बार-बार संकट के बिंदु पर लाता है, हमें हमारे विश्वास के मार्ग में एक ऐसे दोराहे पर लाता है और हमें मूर्तिपूजा से पीछे हटने और सच्चे परमेश्वर का स्वीकार करने का प्रस्ताव देता है - वह त्रिएक परमेश्वर, जिसमें हम चलते हैं और रहते हैं और हमारा अस्तित्व है। वह बार बार हमें सत्य की आज्ञा में ले आता है, जहां हमारे पास यह तय करने के अलावा कोई विकल्प नहीं है कि हम अपने भ्रम में बने रहें और नष्ट हो जाएं या ज्योति को गले लगा लें और फलें-फूलें।

वह हमारा दयालु और विश्वासयोग्य प्रभु और उद्धारकर्ता है, परमेश्वर का इकलौता वचन जो हमें हमेशा आत्मा में संबोधित करता है ताकि हम भ्रम से मुक्त हो सकें और सत्य को जान सकें, और इस प्रकार त्रिएक परमेश्वर की सहमति में बपतिस्मा का अनुभव कर सकें। वह परमेश्वर का इकलौता वचन है जो हमेशा के लिए हमारे साथ मुलाकात करता है, कि पिता के साथ उसके उमड़ते तथा समृद्ध रिश्ते में हमारे समावेश की वास्तविकता, पिता के अपने पुत्र में परम आनंद में हमारा समावेश, आत्मा में उनके बेझिझक, और उसके मुक्त बहने वाले भोज में हमारा समावेश, हम में बोझरहित अहसास खिला सके, और हम *घर* को जान सके।

डॉ. सी. बॅक्सटर क्रुगर

व्दारा लिखीत अन्य किताबें

पतमुस : तीन दिन, दो आदमी

एक असाधारण बातचीत

जब एडन खुद को अपने मूल स्थान मिसिसिपी से बहुत दूर पाता है, वह अकथनीय रूप से प्रेरित यूहन्ना से पतमूस टापू पर मिलता है। आधुनिक दुनिया से हारा हुआ तथा उन जवाबों के लिए बेताब जो उसके वर्षो का अध्ययन संतुष्ट करने में विफल रहे, एडन का सामना यीशु के प्रिय शिष्य की आश्चर्यजनक अंतर्दृष्टि से होता है। वे दोनों सच और झुठ, प्रकाशन और धोखा, दु:ख और खुशी का एक असाधारण संवाद शुरू करते हैं।

"पतमुस गहरे और आकर्षक धर्मशास्त्र तथा परिवर्तन के लिए एक प्रवेश व्दार रूपी दवा है!"

डब्लू एम. पॉल यंग

#1 न्युयॉर्क टाइम्स की बहुचर्चित किताब 'द शॅक ' के लेखक

नृत्य करते परमेश्वर का दृष्टांत

यीशु द्वारा वर्णित कहानी 'पिता और उसके दो पुत्र' पर आधारित, डॉ. क्रुगर की पहली तथा अब दुनियाभर में मशहूर छोटी किताब परमेश्वर के बारे में चौकाने वाले सच की सशक्त तस्वीर है। एक ऐसे हिसाब रखनेवाले न्यायाधीश से परे, जो बाज़ की तरह नज़र गढ़ाए बैठा है कि देखे हम नियमों का पालन करते है या नहीं, यीशु जिस पिता को प्रकट करता है वह ऐसा पिता है जो जूनून से हमसे हमेशा प्यार करता आया है और हमसे कोई अपेक्षा नहीं करता, सिवाय इसके कि हम उसकी स्वीकृति और हमसे उसकी प्रसन्नता को जाने और उनकी स्वतंत्रता में जिये। यह छोटीसी किताब जिसे दुनियाभर में पसंद किया गया तथा पादरियों, चिकित्सको तथा पुनर्वसन समूहों व्दारा कई जगहों पर इस्तेमाल किया गया, यह किताब आपको परमेश्वर पिता के हृदय के सम्मुख लाती है। यह किताब काफी सरल, सीधी तथा अद्‌भुत रिती से सुंदर है।

" मैंने 55 साल, 11 महीने, 16 दिनों तक कोशिश की सही जीवन जीने की। मेरा मतलब है, मैंने जबरदस्त कोशिश की। उस रात 11 बजे के बाद मैंने फैसला किया कि मुझे इस छोटी किताब "नृत्य करते परमेश्वर का दृष्टांत" को पढ़ना है, जो मेरे दामाद ने मुझे भेजी थी। जब मैं लगभग तीसरे पन्ने पर पहुँची, मुझे लगा जैसे किसी ने मेरे मुँह पर लोहे की कढ़ाई से मारा हो। मैं हक्का-बक्का होकर तकिए पर लेट गई और मैंने कहा "हे भगवान, क्या मैं जिंदगी भर गलत सोचती रही? " इसका उत्तर सरल तथा स्पष्ट था, "हाँ"। और यह तो बस शुरुआत है।

जुलियन फॅगन

अटर्नी, अमोरी, मिसिसिपी

एक रहस्य

जो आप जानते हुए भी नहीं जानते

यह किताब एक लेजर किरण है जो धर्म व्दारा फैलाए भ्रम को काटती है। कुछ पन्ने पलटते ही आप यीशु मसीह को देखेंगे, एक दर्शक के रूप में नहीं जो केवल आपको दूर से देखता है, पर स्वयं आपके अस्तित्व के रहस्य स्वरूप में। आप खुदको और अपने जीवन को उस तरह देख पाओगे जैसा आपने कभी ना देखा हो। सरल, स्पष्ट तथा आश्चर्यजनक। पश्चिमी दुनिया के हर व्यक्ति ने इस किताब को पढ़ना चाहिए।

महान नृत्य :

मसीही दर्शन पर पुर्नविचार

मातृत्व से लेकर बेसबॉल तक रिश्तों से लेकर गोल्फ और बागवानी तक, क्रुगर हमें दिखाते हैं कि कैसे हमारे मानवी अस्तित्व को पिता, पुत्र और पवित्र आत्मा के जीवन में भागीदारी के तौर पर समझना चाहिए। सिलसिलेवार, क्रुगर हमें शैतान की युक्तियों से तथा जो गडबडियां हम हमारे जीवन में करते है उससे अवगत कराते हैं। इससे बढ़कर वह हमें बताते हैं कि हम क्यों आहत होते हैं, हम वास्तव में किस चीज के पीछे हैं और वहाँ तक कैसे पहुँचे और बहुतायत के जीवन के लिए यीशु मसीह में विश्वास क्यों महत्वपूर्ण है।

गति में कवितामय और आकर्षक शैली से लिखी गयी, "महान नृत्य" यह किताब प्राचीन कलीसिया की वह आवाज है जो दक्षिण से रहने वाले लेखक की कलम के माध्यम से (जो जीवन से प्यार करता है) हमसे बात कर रही है। महान नृत्य एक अच्छे धर्मशास्त्र को प्रदर्शित करता है – परंपराओ से भरपूर फिर भी अपरिचित और रोमांचक यहाँ तक कि क्रांतीकारी भी; गहरा और इमानदार, फिर भी सभी को अनुरूप।

अधिक जानकारी के लिए

कृपया देखें: www.perichoresis.org

यहाँ पर आपको डॉ. क्रुगर से सम्बंधित किताबें, पॉडकास्ट, वीडियो, चित्र, निबंध और व्याख्यान सहित कई सारे शिक्षा संसाधन मुफ्त मिलेंगे। आप यहाँ किताबें और सामान (टी-शर्ट, हुडी, टोपी) भी खरीद सकेंगे और सालभर होनेवाले कार्यक्रमों की जानकारी पा सकेंगे।

कृपया हमारे मासिक न्यूज़लेटर और निःशुल्क यूट्यूब चैनल के लिए साइन अप करें, जिसका नाम है "Astonished Hearts, with C. Baxter Kruger & Friends"

यदि आप ऐसे किसी ऑनलाइन समुदाय से जुड़ना चाहते है जो परमेश्वर के प्यार की गहरी समझ के लिए तत्पर है तथा डॉ. क्रुगर के साथ हर महीने लाइव चर्चा में भाग लेना चाहते हैं,

तो आप पैट्रियन (Patreon) पर साइन अप कर सकते हैं।

इस चैनल का नाम है " Across All Worlds "

कृपया उस वेबसाइट पर जाने के लिए नीचे दिए कोड को स्कैन करें जहां आप उपरोक्त सभी संसाधनों तक पहुंच सकते हैं।

www.perichoresis.org

और कृपया हमें इस पर फ़ॉलो करें:

www.ingramcontent.com/pod-product-compliance
Lightning Source LLC
Chambersburg PA
CBHW031236120626
46545CB00003B/1145
9781960761194